ANDRÉ MALRAUX :
L'HOMME
QUI OSAIT SES RÊVES

Ouvrage publié
sous la direction de Cynthia Liebow

ISBN : 978-2-917559-79-6

Guillaume Villemot

ANDRÉ MALRAUX : L'HOMME QUI OSAIT SES RÊVES

précédé d'une lettre

d'Alain Malraux

Éditions Baker Street

À tous les Farfelus
qui croisent ou croiseront mon chemin,
je saurai toujours vous reconnaître.

À tous ceux qui osent croire en leurs rêves. Merci à Martine, Constance, Jacques et Nicolas.

Vous savez croire en mes rêves.

« Les idées ne sont pas faites pour
être pensées mais pour être vécues. »
André Malraux

« Quand on aime, on a toujours raison »
Georges Pompidou

Mon cher Guillaume,

C'est me faire beaucoup d'honneur que de m'offrir le lever de rideau de ton travail consacré à André Malraux, cet oncle illustre, atypique et généreux qui s'institua mon père après la mort du mien en déportation pour faits de résistance, en m'élevant avec ses deux fils, Pierre-Gauthier et Vincent, faisant de nous un trio de frères, dont les deux aînés trouvèrent la mort ensemble dans le même accident de voiture en mai 1961.

Pour moi, à ses côtés, ce fut un continuum ininterrompu car vécu d'affilée vingt-trois années en fondu-enchaîné.

Ce qui m'a immédiatement plu dans ton livre, c'est sa verve, cette relation naturelle et spontanée avec ton héros et sujet, totem central qui nous fait voir bien autre chose qu'un monument public reposant au Panthéon – où pourtant l'attendait bien la place qu'il méritait d'avoir, l'ayant gagnée par l'envergure de sa vie, de son œuvre et de son action.

Incroyablement multiple par l'étendue de ses dons assortis d'une stupéfiante capacité à les développer dans tant de domaines, il eut aussi en lui un autre registre en quelque sorte annexe, cette veine inattendue du Farfelu, « mot que, sans le savoir, j'ai réinventé », dit-il, après l'avoir inclus dans le titre d'un certain Royaume-Farfelu *dès 1928.*

Ici, son personnage ne cesse de bondir, rebondir, virevolter, repartir, multipliant les initiatives tous azimuts comme s'il ne pouvait en être autrement, le plus extraordinaire étant que, pour lui-même, il ne pouvait certainement pas en être autrement: et de même que le mouvement se prouve en marchant, il créait et recréait son existence à volonté comme si chaque matin s'ouvrait sur le premier jour de ce monde, à charge pour lui de l'enrichir de tout ce qu'il portait en lui.

En 1958, avec le retour du général de Gaulle et l'instauration de la Ve République, beaucoup se sont mépris sur le fait qu'il ait endossé un costume de ministre, voyant en cela la fin du génial aventurier qu'il avait été, alors que ç'en était le contraire, n'en étant qu'une figure diamétralement opposée, mais à coup sûr une aventure nouvelle. C'est-à-dire une métamorphose.

Ton livre pourrait s'intituler La Fantaisie du voyageur, *bien moins à cause du grand nombre de périples qu'il fit à travers le monde, que parce que chacun de ses déplacements convoquait en lui un torrent de créativité.*

L'Indochine, l'Inde, le Japon, Haïti, ad libitum.

Tel il fut trois quarts de siècle, et sa disparition, je l'ai consigné ailleurs, a fait écho à la formule que la mort de Wagner avait arrachée à D'Annunzio: « Soudain, le monde semblait diminué de grandeur »...

Ton travail rend justice au charme fantasque et si abondamment renouvelé qu'il sut mettre dans sa vie, avec la vitalité d'une cataracte telle qu'on n'en voit pas deux par siècle.

Alain Malraux
mai 2023

Introduction

J'ai la preuve que Tintin, Corto Maltese, Indiana Jones et tant d'autres personnages de nos livres et de nos films d'aventures préférés ont réellement existé. Eh oui, et à leur naissance ils avaient tous le même nom, André Malraux, et ils sont nés dans la banlieue parisienne en 1901.

Comme eux, il a vécu 1000 vies, comme eux, il a connu les pires dangers et frôlé la mort à maintes reprises et comme eux, il est toujours reparti vers d'autres aventures.

Comme Tintin, il s'est rendu sur les traces des *Cigares du pharaon* ou au P*ays de l'Or noir*; précédant Indiana Jones de quelques années, il est parti à la recherche du Temple perdu et, comme Corto Maltese, il est allé à la rencontre des Éthiopiques.

Je suis certain qu'aujourd'hui encore il poursuit ses aventures aux côtés de Valérian ou de Luke Skywalker dans un monde intergalactique.

Trop souvent désormais nos premiers contacts avec André Malraux se font sous la contrainte de lectures au collège ou au lycée (*La Voie royale*, *La Condition humaine*) et nous ne voyons pas immédiatement comment cet auteur peut avoir un lien avec Tintin.

Pour moi, Malraux, c'est d'abord une stupeur et un éclat de rire. Nous sommes en famille à table, je dois avoir une dizaine d'années et soudain mon père met ses coudes sur la table, passe nerveusement et frénétiquement ses mains sur son visage, dans les cheveux et se met à parler de façon saccadée et incompréhensible avec une voix chevrotante et très caverneuse. Je ne comprends pas bien ce qu'il fait ou ce qu'il lui arrive mais il nous explique qu'il vient d'imiter André Malraux annonçant qu'il soutient la candidature de

Jacques Chaban-Delmas à la présidence de la République lors de la campagne de 1974 !

Même si je le verrai refaire régulièrement cette imitation, cela ne m'encouragera pas du tout à aller à la découverte de ce nom qui ne signifie rien pour moi.

C'est plus tard, en m'intéressant à Charles de Gaulle que le nom d'André Malraux va s'imposer à moi et forcer ma curiosité.

Mes premiers chocs sont audiovisuels : à douze ans, en 1976, je découvre les images en noir et blanc de la cérémonie du transfert des cendres de Jean Moulin (premier chef des réseaux de résistance en France) au Panthéon le 19 décembre 1964, lors de l'hommage rendu à Malraux par la télévision après sa mort.

Dans un décor grandiose, un homme seul, André Malraux, parle d'une voix théâtrale et tremblante devant les visages médusés du général de Gaulle, de Georges Pompidou (premier ministre) et des autres représentants de la Résistance et du gouvernement. Je suis littéralement médusé par les mots qu'il prononce :

« Comme Leclerc entra aux Invalides, avec son cortège d'exaltation dans le soleil d'Afrique, entre ici, Jean Moulin, avec ton terrible cortège. Avec ceux qui sont morts dans les caves sans avoir parlé, comme toi, et même, ce qui est peut-être plus atroce, en ayant parlé [...] Écoute aujourd'hui, jeunesse de France, ce qui fut pour nous le Chant du Malheur. C'est la marche funèbre des cendres que voici. [...] À côté de celles de Carnot avec les soldats de l'An II, de celles de Victor Hugo avec les Misérables, de celles de Jaurès veillées par la justice, qu'elles reposent avec leur long cortège d'ombres défigurées.

Aujourd'hui, jeunesse, puisses-tu penser à cet homme comme tu aurais approché tes mains de sa pauvre face informe du dernier jour, de ses lèvres qui n'avaient pas parlé. Ce jour-là, elle était le visage de la France ».

Je suis réellement traversé de frissons en l'écoutant. Dès le lendemain je me précipite dans une librairie pour trouver ce texte vendu avec les autres oraisons de Malraux. Je suis passionné par ses mots et par cet appel qui me touche ; je comprends pour la première fois ce que la Résistance voulait dire et impliquait comme courage face à l'occupant nazi. Je prends conscience jusqu'où un engagement peut conduire.

L'année suivante, le ciné-club de mon lycée proposait la diffusion du film *L'Espoir* réalisé par Malraux en 1937 sur la guerre d'Espagne. Je n'y vais que dans le but de me retrouver assis à côté de la jeune fille qui occupe alors mes pensées et mon cœur. La jeune fille est rapidement oubliée car le film m'engloutit totalement. C'est l'un de mes premiers chocs cinématographiques (après *La Folie des grandeurs*), moi aussi je veux devenir aventurier, moi aussi je veux m'engager. Tout y est enthousiasmant, les personnages, l'histoire, les images du film. C'est un vrai film d'aventures et puis son sous-titre,

« Sierra de Teruel », est une promesse garantie de dépaysement.

Pour clôturer ces émotions en sortant de la projection, je suis attiré par l'affiche du film qui, avec ses personnages en mouvement, avec ses paysages et le soleil en cocarde d'avion, est une véritable carte postale d'aventurier.

C'est André Malraux qui, sans le savoir et sans que je m'en rende compte, va me donner envie de m'élever contre les injustices. Je prendrai ainsi fait et cause pour Lech Walesa et manifesterai quotidiennement contre le coup d'État en Pologne du général Jaruzelski de décembre 1981. Ce sera ma première lutte, ma première indignation, mon premier engagement.

Pour moi, dès ces années-là, André Malraux est le symbole de celui qui fait, de celui qui agit, de celui qui ose tout.

En me plongeant dans des textes sur lui, de lui, je découvre que non seulement il a fait la guerre d'Espagne comme aviateur pour lutter contre l'extrémisme de droite de Franco, mais il est aussi parti du côté d'Angkor pour piller des temples comme un pirate. Qu'il a effectué une dizaine de voyages entre 1923 et 1937 dans des pays lointains et exotiques pour l'époque, tels que la Perse, l'Inde, l'Égypte ou la Russie. Qu'il a découvert en avion la capitale de la reine de Saba (1934) ou créé à Saïgon en 1926 le journal *L'Indochine enchaînée* pour dénoncer le colonialisme.

Ensuite il a, tardivement, mais réellement, rejoint la Résistance et les armées de libération de la France. Mais il a aussi eu une brillante carrière d'écrivain, obtenant le premier prix Interallié en 1930 avec son livre *La Voie royale*, puis le prix Goncourt en 1933 pour *La Condition humaine*. Et il fut LE ministre de la Culture de Charles de Gaulle, à qui l'on doit, entre autres choses, la création des Maisons de la Jeunesse et de la Culture, l'obligation de ravaler les bâtiments, le rayonnement de la culture française à travers le monde…

Oui l'audace est son moteur comme le mensonge, « Je mens, mais mes mensonges deviennent des vérités », déclare-t-il.

Il a toujours une aventure d'avance, un rêve d'avance.

Toute sa vie sera une aventure, parfois très violente et douloureuse, mais toujours vécue intensément et sans détour.

Pendant très longtemps j'avais mis au-dessus de mon lit cette phrase de lui que je trouve si vraie : « La vie ne vaut rien mais rien ne vaut la vie. »

Partons maintenant à l'aventure de ses vies, car, comme les héros de romans, de BD, de cinéma ou de jeux vidéo, André a vécu tellement de vies… mais toujours avec un seul principe : « Les idées ne sont pas faites pour être pensées mais pour être vécues. »

Rêver d'exister

« Je déteste mon enfance. » Voilà la façon dont André Malraux débute quasiment ses *Antimémoires* publiées en 1967.

Son état civil commence déjà comme une aventure puisqu'il ne s'appelle pas André mais Georges. Il naît à Paris le 3 novembre 1901, ce qui est bien raisonnable mais, première aventure qui va bouleverser durablement sa vie, ses parents divorcent quand il est âgé de quatre ans. André part avec sa mère rejoindre sa grand-mère et sa tante dans l'épicerie familiale située à Bondy. De son côté, son père se remariera et aura deux autres enfants, Roland qui naît en 1912 et Claude en 1920.

Son statut d'enfant ne lui plaît pas, il fait tout pour s'en échapper en dévorant des livres, en arpentant les galeries d'art et les musées. Les livres le passionnent, il part souvent à la recherche de trésors dans les étals des bouquinistes des berges de Seine.

Ses études sont poussives, et lorsque, en 1918, il est refusé au lycée Condorcet, furieux de cette décision, il renonce à passer son bac ; plus tard, il justifiera ce choix en écrivant : « Le sentiment de la révolte l'emportait de loin sur une aspiration à la notoriété. »

Il est désormais libre de ses journées, il peut commencer à mener la vie dont il rêve, s'évader, s'imaginer dans d'autres lieux que l'épicerie familiale

« Adolescent, je cherchais dans le Bottin de l'étranger les villes romanesques… où je lisais Moko : magnifiques palais qui tombent en ruines. » Il se voit aventurier dans des déserts lointains à la recherche de trésors merveilleux faisant de lui un être à la fois riche et célèbre.

L'art le passionne et très souvent on peut le voir suivre les cours de l'École du

Louvre ou bien rester des heures au Musée Guimet où l'art oriental le fascine. Il va même jusqu'à s'inscrire à des cours de sanscrit pour mieux comprendre la civilisation indienne, il saisit toutes les occasions de s'évader et de découvrir de nouveaux horizons, il est curieux de tout, ce qu'il restera toute sa vie. « Entre dix-huit et vingt ans, la vie est comme un marché où l'on achète des valeurs, non avec de l'argent mais avec des actes. »

Ses auteurs favoris sont d'un côté des poètes comme Apollinaire ou Max Jacob et de l'autre les écrivains voyageurs que sont Pierre Mac Orlan, Blaise Cendrars ou Pierre Loti.

Voulant rentabiliser son goût de la recherche, il va commencer à travailler pour un libraire pour qui il va se mettre en quête de livres rares. Pour améliorer ses fins de mois, il va même dans certains cas jusqu'à faire des faux ou rendre certaines éditions plus anciennes qu'elles n'y paraissent. Ce libraire, René Louis Dayon, comme c'est souvent le cas à l'époque, publie une revue, *La Connaissance*, pour laquelle André va rédiger ses premiers textes. Son style et les sujets qu'il traite, le font vite remarquer et lui ouvrent les portes d'autres revues (*Action*, *NRF*), sa vie d'aventurier commence ainsi.

J'ai découvert les premiers écrits d'André Malraux dans un éclat de rire : ces textes ont été publiés dans différentes revues et ont tous été réunis sous le titre *Écrits farfelus*. Le mot « farfelu » m'a toujours plu, comme « polochon » ou « bastingage » ; ce sont des mots qui me font sourire en les employant, des mots qui, quand on les dit à haute voix, chatouillent la bouche.

André va devenir l'inventeur et l'apôtre du Farfelu et faire de ce mot sa marque de fabrique. Mais entendons-nous bien, pas un Farfelu qui serait un fou ou un illuminé mais un Farfelu trouvant ses origines dans le mot italien *farfalla* (papillon) c'est-à-dire quelque chose de poétique, de virevoltant, de joli à regarder car toujours imprévisible dans ses orientations. Comme une sorte d'explication du sens qu'il donne à ce mot, il écrit dans ses premiers textes « J'écris pour posséder mes rêves. »

Les trois premiers textes publiés en 1921 alors que nous sommes en plein mouvement cubiste, sont à mon sens des bijoux de « farfelusserie ». Le premier, *Lunes en papier*, est un « petit livre où l'on trouve la relation de quelques luttes peu connues des hommes, ainsi que celle d'un voyage parmi des objets familiers mais étranges, le tout selon la vérité ». Ce texte, dédié à Max Jacob, met en scène les péchés qui vont vouloir tuer la Mort. Je ne résiste pas au plaisir de vous faire partager ces quelques lignes de dialogue entre la reine de la ville Farfelu, la Mort, et son médecin qui en réalité est l'Orgueil :

« Hé quoi ! Votre Altesse fait sa toilette elle-même ?

– Ho vous savez, je suis une reine bonne enfant. On dit toujours : la Mort, la Mort !...

Au fond j'ai la même âme que les poteaux télégraphiques qui sont devenus sentimentaux parce qu'ils ont trop connu de lettres d'amour. »

Le second texte, *Écrit pour une idole à trompe*, André le qualifie lui-même de conte Farfelu. On y fait la connaissance, comme dans *Alice aux Pays des Merveilles* (publié en 1865), d'animaux fantastiques, les lapins pneumatiques y croisent des ours en peluche et on y apprend « où vont vraiment les chats qu'on croise la nuit », rien que cela.

Dans son troisième texte, intitulé *Royaume-Farfelu*, André exprime toute sa fascination pour les épopées dans les mondes lointains de l'Inde, de la Chine ou encore d'Ispahan ; ce conte recèle déjà toutes ses passions pour l'Orient et, sans y être jamais allé, il décrit fort bien ces lieux, leurs cultures et l'art des statues. C'est ici aussi qu'apparaissent ses premiers chats. Comme Tintin a Milou, André aura toute sa vie des chats qui l'accompagneront dans ses différentes vies.

Là, il met en scène le Roi Estragon V qui est assisté de ses chats Gryphu, Tachu et Moustachu.

Son personnage fascine des auteurs tels que Jean Cocteau, Paul Morand... à la fois par sa culture et par sa fougue. André est un passionné, il est aussi physiquement différent, avec ses cheveux noirs et sa grande mèche, son regard profond ; ses grands gestes quand il parle, sa voix par moments théâtrale le rendent visible.

C'est ainsi qu'il séduit Clara Goldschmidt, très jeune femme brillante et terriblement parisienne, il est très impressionné qu'une femme de quatre ans son aînée puisse être attirée par lui.

Pour André, c'est une nouvelle aventure qui commence. Pour lui, l'amour rime obligatoirement avec Italie. Il enlève littéralement Clara, qui est encore mineure, et ils partent sceller leur amour à Florence et Venise. Elle est passionnée par André qu'elle trouve brillant, hors norme. Pour eux, la seule façon de vivre cet amour passe par le mariage. André va donc, accompagné de Clara, forcer la main des parents Goldschmidt pour obtenir la main de leur fille, tradition oblige et ils vont ainsi pouvoir se marier le 21 octobre 1921.

André a de la chance car Clara, en plus d'être amoureuse, pétillante et remarquablement intelligente, a de l'argent, ce qui va leur permettre de voyager librement partout où ils voudront. Ils vont donc partir à la découverte du monde proche de la France pour commencer. Ils sont à la recherche d'expériences culturelles et géographiques différentes, ainsi entre 1921 et 1923, ils vont se rendre en Hongrie, Allemagne et Tunisie… Entre-temps, en 1922, il va réussir à faire ajourner son service militaire en s'inventant certains maux.

Si André est un Farfelu en écriture, un Farfelu en amour, il va le devenir aussi en affaires. Il décide en effet de gérer lui-même l'argent de Clara et de le placer dans des titres boursiers et des entreprises des plus exotiques.

Toujours plus passionné par les voyages et le lointain en général, il investit tout dans des fonds mexicains. J'imagine aisément André se prendre de passion pour ce Mexique héritier de la civilisation aztèque, je l'entends expliquer à Clara pourquoi son choix est judicieux et sera forcément gagnant. Un pays issu d'une telle civilisation, dans un continent si dynamique ne peut générer que des profits ; il se sent à la fois chercheur d'or, explorateur et pionnier en restant dans son appartement parisien.

Mais ce qui devait arriver arrive, et les actions mexicaines s'effondrent, laissant Clara et André ruinés. André, relativement peu ébranlé par cette déconvenue, déclare à sa femme : « Je ne vais quand même pas travailler. ».Très vite son imagination va lui permettre de trouver la solution à tous leurs soucis. Passionné par l'histoire de l'art, rêvant de grands voyages et d'aventures, il décide de monter une mission archéologique dans la région d'Angkor où il a découvert que dans la forêt du Cambodge se cachait non pas le temple du Soleil mais celui de Banteoy Srei. Ses moments passés au musée Guimet, dans les galeries d'art ou auprès des collectionneurs lui ont donné la certitude que les sculptures asiatiques sont très recherchées et donc qu'il y a là une façon assez rapide de se refaire une santé financière.

Comme Tintin monte ses expéditions avec le capitaine Haddock, André convainc son plus vieil ami, Louis Chevasson, ils se connaissent depuis leurs années de collège, de faire partie de l'aventure. « Du Siam au Cambodge, le long de la Voie royale qui va de Danqrok à Angkor, il y a de grands temples, ceux qui ont été repérés et décrits dans l'Inventaire, mais il y en a sûrement d'autres encore inconnus aujourd'hui. Nous allons dans quelque petit temple du Cambodge, nous enlevons quelques statues, nous les vendrons en Amérique, ce qui nous permettra de vivre ensuite tranquillement pendant deux à trois ans. »

Voilà, la mission est définie, le lieu choisi et l'objectif clair, il ne reste plus qu'à mener à bien cette expédition.

Rêver d'aventures

Si le voyage d'André est fait pour piller quelques temples et donc gagner de l'argent, il a besoin d'une couverture officielle ; Indiana Jones fera de même plus tard en utilisant son statut d'archéologue pour se livrer à quelques trafics peu avouables. Il fait des pieds et des mains et sa force de persuasion lui permet d'obtenir une lettre de mission archéologique de la part du ministère des Colonies en septembre 1923. André, qui ne doute jamais de rien, va même jusqu'à promettre qu'il fera des moulages des statues qu'il découvrira pour les offrir au musée Guimet.

Tout semble se présenter pour le mieux et c'est armé de certificats, de rêves de fortune et d'envies d'aventure que la troupe (Clara fait également partie du voyage) s'embarque le 13 octobre 1923 depuis Marseille sur le bateau *Angkor*.

André ne veut rien laisser au hasard et, pour déjouer les soupçons sur les buts de son expédition, il laisse Chevasson partir de son côté.

André et Clara font escale dans des villes aux noms évocateurs de dépaysement et de bizarre – « ces terres légendaires appellent les Farfelus », déclare André.

Après Djibouti qui ouvre les portes de l'Afrique et les aventures de Sinbad, après Colombo qui est une fenêtre vers la civilisation des Indes, c'est Singapour qui préfigure le monde asiatique et c'est enfin vers la mi-novembre l'arrivée à Hanoï. Ce sera ensuite la route vers Saïgon, capitale de la colonie française de l'Indochine, où les aventuriers en tout genre se côtoient souvent dans les salons de l'hôtel Continental, propriété d'une famille corse. Les échanges sur les aventures et les expéditions s'y font autour de verres d'absinthe. L'humidité du lieu rend l'atmosphère orageuse et passionnée. Des Français de toutes origines rencontrent les aventuriers qui viennent du monde entier pour essayer de monnayer leurs secrets et leurs plans de trésors les plus fantastiques. Dans cette ambiance, André se voit défricher la jungle pour se retrouver face aux plus beaux temples et devant ces statues dont il connaît la valeur auprès de marchands peu scrupuleux et de collectionneurs prêts à tout pour détenir des raretés. C'est là qu'il va entendre parler du royaume des Sedange et de son roi qui, pour payer ses dettes, décorait de l'ordre national de son royaume ses créanciers les plus crédules. Le monarque de ce royaume farfelu était un aventurier français du nom de Marie-David Mayréna qui non seulement s'était fait connaître en Indochine mais avait réussi également à vivre de son titre imaginaire dans les capitales européennes. Un vrai modèle pour André, une sorte de mythe bien réel. Je laisse à André le soin de vous décrire l'ambiance de l'hôtel Continental : « ...l'heure verte à la terrasse du Continental, le soir sous les caroubiers, les casques du sergent Bobillot, les dominos du Mah-Jong sur la musique miaulante de Chalai, les victorias et leurs grelots rue Catinat, le petit billard furieux des bouchers chinois, l'extinction des feux dans les casernes des tirailleurs sénégalais… »

Après Saïgon, pour se rapprocher de la Voie royale où se trouvent tous les temples, André, Clara et Louis arrivent à Phnom-Penh pour boucler les préparatifs de leur expédition. Là, André rencontre les autorités locales afin de mettre sur pied son périple ; son côté aventurier prend le pas sur son côté archéologue et rapidement les autorités coloniales ont des doutes sur les réelles intentions de cette mission. Elles mettent en garde André en lui rappelant qu'une loi vient d'être promulguée interdisant de s'emparer de sculptures ou de statues provenant de temples sous peine de prison. André n'est certainement pas homme à se laisser impressionner par une telle mesure, fût-ce une loi. Le chroniqueur des *Annales coloniales* du 10 novembre 1924, nous raconte :

« Pour réussir dans leurs projets, ils avaient pris, comme l'ont prouvé les débats judiciaires, les dispositions les plus ingénieuses et, si les pouvoirs locaux n'avaient pas fait preuve d'une vigilance des plus louables, quelques-uns des plus beaux bas-reliefs de l'art khmer auraient enrichi à notre détriment les galeries de quelques riches collectionneurs étrangers… L'instruction a démontré que, longtemps à l'avance, il y avait eu une savante préparation en France et que les auteurs de cette aventure s'étaient adroitement concertés pour la réussite de leurs projets. Ils s'étaient principalement ménagé l'intervention d'antiquaires et de spécialistes pour l'écoulement ou le déplacement des produits détournés. Les moyens qu'ils ont employés pour arriver à leurs fins dénotent, surtout chez l'instigateur de l'affaire [André], de grandes qualités d'intelligence et de ténacité… Celui qui a été reconnu l'auteur principal [toujours

André] avait été spécialement chargé de mission en Indochine par le ministère des Colonies et l'École française d'Extrême-Orient… »

André part d'abord à la recherche de guides locaux pour l'accompagner dans la jungle, mais, en raison du vrai but de son voyage, s'entoure souvent de personnes à la moralité douteuse. Et l'opération tourne au désastre complet. Nos aventuriers amateurs sont rapidement repérés et, à la suite d'une dénonciation par un membre de l'équipe, sont tous les trois arrêtés et placés en résidence surveillée dans l'hôtel Manolis à Phnom-Penh le 23 décembre 1923.

Dès le 28 février 1924, les *Annales coloniales* relatent la façon dont ils ont été démasqués et arrêtés : « Leur séjour à Angkor fut remarqué par l'intérêt particulier qu'ils portaient à la visite du temple non restauré de Bantheai-Say situé à 25 kilomètres d'Angkor, généralement dédaigné par les touristes. Mais ce qui contribua le plus à attirer l'attention sur leurs attitudes,

André Malraux après son expédition au Cambodge qu'il mena avec son épouse Clara et son ami Louis Chevasson, en 1923. Ses mésaventures lui permettront de se faire un nom dans les milieux littéraires et culturels parisiens.

c'est qu'au lieu de se faire conduire sur les lieux par la moderne auto, ils préféraient la charrette à bœufs. Cela parut d'autant plus bizarre au délégué administratif de Siem-Réap que l'excursion se prolongea plusieurs jours. Dès lors une surveillance discrète fut exercée qui permit de constater qu'arrivés avec de légers bagages ils s'en retournaient avec 700 à 800 kilos de colis.

« La résidence supérieure prévenue dépêcha Monsieur Groslier à Kompong-Chnang avec mission de s'assurer que les bagages étaient bien transbordés sur le bateau de Phnom-Penh. Ce n'est qu'en arrivant dans cette dernière ville que sur ordre du Parquet il fut procédé à la saisie des caisses qui étaient adressées à la maison Berthet-Chamière et Cie de Saïgon sous la désignation de produits chimiques. »

Les autorités y découvrent sept blocs de pierre sculptés comprenant des bas-reliefs et des sculptures, le tout ayant été découpé sans soin des murs du temple.

Au-delà du manque de soin qu'ils ont mis pour découper ces blocs de pierre, je vous laisse imaginer cette étrange expédition composée de trois Européens dont une femme particulièrement active et autoritaire, se retrouvant au milieu de la forêt avec des scies provoquant un vacarme monstrueux pour procéder aux découpages. Pendant plusieurs jours, ils ont dans la moiteur de la jungle mené une lutte inégale contre la végétation, les insectes et les esprits des dieux, ce qui a effrayé les membres locaux de leur équipe.

Maintenus en résidence mais laissés libres… il en faut plus pour abattre André et son équipe. Ils continuent à explorer la région mais là, André prend conscience des ravages que peut produire la condition coloniale. Devant cette situation qui le choque et le révolte, il multiplie des contacts plus politiques avec les mouvements révolutionnaires amanites, chinois et même soviétiques. C'est ainsi qu'il affirme, et réussit même à s'en convaincre, qu'il est à l'origine de la fondation de l'ancêtre du Vietminh en 1924 avec la création du mouvement Jeune Annam.

Ce qui est certain, c'est que n'importe qui dans sa situation précaire et avec la menace d'une lourde condamnation se serait tenu tranquille en attendant son jugement. Lui ne tient pas en place et là encore fait preuve d'une absolue curiosité et d'une grande sensibilité. Très vite il a conscience des inégalités qui se font jour dans ce monde entre colonisateurs et colonisés. Cette expérience représente la naissance de la nouvelle aventure d'André : l'aventure politique et humaniste, celle où il va rêver d'un monde plus juste, plus égalitaire où l'homme trouve sa vraie place et où l'exploitation des richesses ne se fait pas au détriment d'une partie de la population ou au bénéfice d'un pays tiers. Pour moi, cette part-là d'André est totalement indissociable de celle du Farfelu que nous avons vu jusqu'à présent. Ce sont les deux faces d'une même médaille, si ce n'est qu'André est une médaille Farfelue et cubiste, avec donc plus de deux faces : l'Aventurier, l'Écrivain et homme de culture, l'Engagé politique.

Après plusieurs mois de résidence prétendument surveillée, le procès de nos trois héros se tient en juillet 1924. Si Clara est acquittée – elle est jugée non responsable, ayant « dû suivre son mari » –, les deux autres larrons sont reconnus coupables et condamnés. André à trois ans de prison assortis d'une interdiction de séjour en Indochine et Louis à un an et demi de prison. La perspective des prisons de Saïgon ne les réjouit pas du tout et même s'ils font appel de la décision, la situation semble pour la première fois réellement sans issue.

André se dit que seule une mobilisation internationale peut faire changer leur situation, il renvoie Clara à Paris en lui demandant de prévenir ses amis écrivains afin qu'ils tentent de mettre la pression sur les autorités locales grâce à des appels répétés des journaux. Dès son arrivée à Paris, Clara se précipite dans les locaux de la NRF chez Gallimard où elle plaide la cause de son André auprès de ses amis intellectuels et, alors que son geste est difficilement défendable, elle parvient à obtenir une large mobilisation d'auteurs de renom qui, derrière André Gide, vont signer une pétition dont le texte est assez savoureux, voire Farfelu, compte tenu de ce que Malraux vient de commettre :

« Les soussignés, émus de la condamnation qui frappe André Malraux, ont confiance dans les égards que la justice a coutume de témoigner à ceux qui contribuent à augmenter le patrimoine intellectuel de notre pays.

« Ils tiennent à se porter garants de l'intelligence et de la réelle valeur littéraire de cette personnalité, dont la jeunesse et l'œuvre déjà réalisée permettent de très grands espoirs. Ils déploreraient vivement la perte résultant d'une sanction qui empêcherait André Malraux d'accomplir ce que tous étaient en droit d'attendre de lui. »

Ce texte reflète tout à fait le Farfelu d'André, capable par l'intermédiaire de

Clara de convaincre les plus éminents intellectuels de Paris que sa condamnation est injuste. Parmi les signataires de cette pétition publiée dans *Les Nouvelles littéraires* le 6 septembre 1924 on retrouve François Mauriac, Max Jacob, André Maurois, Gaston Gallimard, Louis Aragon ou encore André Breton.

Cette mobilisation remporte un vrai succès médiatique qui fait fléchir les autorités de Saïgon. André et Louis sont rejugés en appel en octobre 1924 et leur peine est largement allégée, André n'étant plus condamné qu'à un an avec sursis. Dès l'annonce du nouveau jugement, ils quittent Saïgon pour la France.

André est heureux : il est devenu célèbre, mais il est également devenu sujet de conversations et de polémiques. C'est pour lui presque plus important que d'avoir réussi à voler les statues qui au final ne lui auraient apporté que de l'argent.

Il profite de cette renommée acquise pour asseoir sa situation économique et signe un contrat pour trois livres avec l'éditeur Bernard Grasset.

Sa tentation pour l'Orient est de plus en plus forte. Il comprend ce monde, cette culture, il a été très touché par la situation des populations locales qui sont soumises du fait du poids du colonialisme. Sensible aux théories du communisme historique, c'est-à-dire celui de ses théoriciens du XIXe siècle, il décide de retourner à Saïgon non plus pour se livrer au trafic d'antiquités mais pour lutter pour la libération des populations. Il s'embarque à nouveau avec Clara en janvier 1925. Lors de son premier séjour en Indochine, il a fait la connaissance de Paul Monin, à la fois avocat et aventurier, mais surtout grand combattant du système colonial. Monin est un personnage comme André les aime, à la fois passionné et réellement engagé. En raison de ses positions anticoloniales, il a été radié du barreau et ne peut que donner des conseils aux Vietnamiens qui ont à faire avec l'État colonial.

Forts, pour l'un, de sa connaissance du système colonial indochinois et, pour l'autre, de son talent d'écriture, les deux hommes décident de fonder un journal qui portera les valeurs de l'indépendance et qui luttera contre les abus du système. Après avoir obtenu les autorisations nécessaires à un tel projet, ils lancent le 17 juin 1925 le premier numéro de *L'Indochine* qui est également rédigé par des journalistes vietnamiens.

L'Indochine a pour cible principale le pouvoir colonial et son gouverneur M. Cognacq. Les articles y sont si violents que le journal est interdit le 14 août suivant son lancement alors ou parce qu'il connaissait un large succès auprès de la population.

Ils décident de le relancer en prenant un titre qui explique plus clairement la situation du pays : *L'Indochine enchaînée*, qui paraîtra de novembre 1925 à janvier 1926. Les autorités font pression pour les empêcher de trouver du papier ou des caractères typographiques pour l'impression. Motivés plus que jamais, André et Clara se rendent à Hong Kong pour chercher des caractères et ainsi continuer la lutte.

Leur journal leur fait rencontrer les leaders politiques de toute la région, y compris les chefs de la révolution communiste en Chine. Monin tente d'entraîner André à le suivre dans les actions du Kouo-Min-Tang chinois et dans le large mouvement révolutionnaire de toute la région. André laissera planer le doute de son engagement comme chargé de la propagande du mouvement révolutionnaire chinois, ce qu'il ne fera pas.

Il est temps d'une pause dans sa vie et de mettre à profit toutes ces nourritures intellectuelles et aventurières pour les transformer en aventures littéraires. Il arrive à Paris au début de 1926 bien décidé à s'imposer désormais dans le monde des lettres.

Ce monde de l'Orient incarné par l'Inde, la Chine, le Japon ne cessera jamais de passionner André qui y multipliera les voyages tout au long de sa vie et même y consacrera ses derniers combats.

Mais c'est encore une autre histoire à venir et à écrire.

Rêver en écrivain

André l'autodidacte, il n'a pas son bac, André le solitaire, il n'a pas de réseau et n'appartient pas à un courant intellectuel, réussit en quelques années à devenir un personnage du monde littéraire parisien.

S'il n'est pas incontournable, il est considéré comme une personnalité qui a du poids et de l'influence, quelqu'un qui séduit et qui sait écrire. Ses (més)aventures à Angkor lui ont apporté la notoriété et lui ont permis, grâce à Clara aussi, de pouvoir compter sur le soutien du monde littéraire parisien.

On prête à François Mauriac, dont la renommée en tant qu'écrivain est déjà importante à l'époque, cette phrase: « Malraux m'avait envoyé son manuscrit de *La Tentation de l'Occident*, j'ai tout de suite téléphoné à Grasset en lui disant : "Je n'y comprends rien mais c'est sublime. Il faut absolument le prendre sous contrat." On ne s'y trompe pas, il suffisait d'en lire 10 lignes. »

C'est donc chez Grasset qu'André publie ses premiers romans qui racontent ses différentes expériences et aventures en Indochine et en Chine au moment où la Révolution communiste s'y déroule.

D'abord *La Tentation de l'Occident*, en 1926. Il y relate une correspondance imaginaire entre un jeune Chinois installé en Europe et un jeune Européen étant lui en Extrême-Orient. Au travers de ces lignes, André met en scène son attirance pour l'harmonie asiatique.

Deux ans plus tard, il publie *Les Conquérants* où il raconte la révolution chinoise à la façon d'un reportage vécu.

Puis, en 1930, il publie *La Voie royale* où, sous les traits de Claude Vannec, il transpose ses aventures archéologiques et politiques vécues en Indochine.

Ses livres connaissent à chaque sortie un succès populaire grandissant et *La Voie royale* est récompensée en recevant le premier prix Interallié en 1930. La presse est également très élogieuse à la lecture de ces premiers romans d'André. Drieu la Rochelle lui rend un fervent hommage dans un article publié dans la revue *NRF*, qui a pour titre « Malraux l'homme nouveau ». Je vous laisse imaginer le bonheur qui envahit André devant tant de célébrité. Il commence à être reconnu dans le quartier de Saint-Germain-des-Prés, il a le sentiment d'exister, il est sorti de son carcan de personnage banal. Désormais, il n'est plus quelqu'un comme les autres.

En plus de ses écrits chez Grasset, André commence une collaboration de plus en plus régulière avec Gallimard. Il y est en charge de la galerie d'art de la NRF où il organise des expositions de statues. André qui ne peut s'empêcher de raconter SA vérité, prétend les avoir rapportées du massif montagneux du Pamir situé entre l'Afghanistan, la Chine et le Tadjikistan.

Gaston Gallimard le fait entrer au comité de lecture de la maison et lui confie la direction artistique des éditions d'art. C'est dans le cadre de cette collaboration avec Gallimard, et bien loin pourtant du monde des éditions d'art, qu'André s'attaque à un héros à sa taille qui depuis toujours le fascine : Napoléon. Il se glisse dans les textes de l'Empereur, dans ses lettres, dans ses discours et dans le *Mémorial de Sainte-Hélène*. Plus qu'une plongée dans les mots de Napoléon, c'est à une plongée dans sa pensée qu'André se livre. Il façonne ainsi son ouvrage, *Vie de Napoléon par lui-même*, qui est publié en 1930. En choisissant les textes, il n'écrit pas à la place de Napoléon mais il parvient à orienter en vrai romancier l'image de ce personnage de l'Histoire.

Cette passion à distance qu'il connaît pour Napoléon, il la vivra en direct quelques années plus tard aux côtés de son héros, bien vivant, celui-là, le général de Gaulle. Comme une prémonition à cette rencontre, il a choisi cette phrase de Napoléon qu'il place en exergue du livre : « Le propre des militaires est de tout vouloir despotiquement, celui de l'homme civil, est de tout soumettre à la discussion, à la vérité, à la raison. »

Mais André, comme me l'a souvent expliqué lors de nos déjeuners Alain Malraux (son neveu et beau-fils), n'arrive pas à contenir sa facette d'aventurier. Il a besoin de nouvelles découvertes, de nouveaux voyages, de nouveaux défis. C'est encore pour moi cette image d'André en *farfalla* (papillon en italien) qui ne sait pas rester longtemps en place et qui après s'être repus d'une fleur, s'être reposé, repart dans une autre direction vers de nouvelles fleurs nourricières.

De juin à août 1929, il entreprend donc un long voyage qui le conduit toujours dans des terres de culture et d'histoire. Il va à Naples et à Istanbul en bateau, puis par le train il se rend à Bakou où il traverse la mer Caspienne pour découvrir la Perse (l'Iran) où il découvre les villes d'Ispahan et de Téhéran et se passionne pour elles. Pour regagner la France, il continue ses découvertes culturelles et archéologiques en traversant l'Irak, la Syrie puis le Liban. Tous ces pays, toutes ces civilisations le nourrissent tant dans sa réflexion littéraire que politique.

André se forge lors de ces voyages une identité politique qui le rapproche de plus en plus du communisme et surtout des valeurs humanistes que le Parti et ses révolutions portent à ses yeux.

Même si ses succès littéraires lui assurent désormais des revenus, André a besoin de plus, il a besoin des risques et des frissons que lui procurent ces moments. Il a bien compris, entre son voyage à Angkor et la gestion de la galerie de la NRF, que la statuaire asiatique et orientale a un véritable public capable de payer cher certaines pièces.

En 1930 et 1931, il remonte de nouvelles expéditions vers l'Iran, l'Afghanistan, l'Inde, la Chine et le Japon. Là il met en place les moyens de récupérer des statues et de leur faire passer les frontières sans hésiter à corrompre certains douaniers pour parvenir à ses fins. Les rumeurs vont bon train dans Paris et dans les milieux de collectionneurs sur l'origine et l'authenticité des pièces qu'il rapporte et vend mais cela ne l'arrête pas et ne semble même pas l'inquiéter. Au contraire, il aime assez cette image de quelqu'un de non conformiste et d'un peu sulfureux qu'on lui donne.

Mais la dernière épopée purement d'aventurier qu'André va vivre avant la seconde guerre mondiale est proprement exceptionnelle et le plonge dans des bonheurs profonds. Il organise, comme il le dit lui-même, « une aventure géographique ». Le 9 décembre 1933, il annonce dans les colonnes du quotidien *L'Intransigeant*: « Je pars le 8 janvier prochain pour un raid de découverte en Afrique. Je veux essayer de repérer une ville inconnue, qui fut la capitale d'une civilisation disparue, et dont je connais l'emplacement. J'aurai pour pilote le capitaine Challe et Corniglion-Molinier qui fut le compagnon de guerre de Guynemer. »

Voilà le décor et l'ambition posés.

Derrière la recherche de cette ville, c'est un personnage biblique qui attire plus particulièrement André, probablement parce que c'est une femme : la reine de Saba. Cette femme, belle et séduisante, eut une liaison avec le roi Salomon qui avait un royaume très riche et puissant s'étendant du Yémen à l'Éthiopie. Le personnage, que l'on retrouve dans la Bible, les Évangiles mais aussi dans le Coran, attire irrémédiablement André. On prétend que cette femme a bâti une capitale extraordinaire, à son image, mais qui a totalement disparu dans le désert.

Le défi pour retrouver cette capitale est de taille à être relevé par André qui s'est mis en tête d'y parvenir.

Il le sait : pour mener à bien une telle expédition, il lui faut des moyens. Comme

Tintin est financé par son journal *Le Petit Vingtième* pour mener ses enquêtes, André a contacté l'un des plus importants quotidiens de l'époque, *L'Intransigeant*, à qui il a proposé un reportage relatant son expédition. Le journal a accepté et lui a même offert de placer ses articles en couverture sous la forme d'un feuilleton.

Maintenant il faut trouver le moyen de se rendre dans cette partie du continent africain. André, après s'être plongé dans différents textes et récits de voyageurs, est arrivé à définir un périmètre de recherche sur le territoire de l'actuel Yémen. Il a entre autres découvert à la Société de géographie, dont il est membre, les traces d'un pharmacien aventurier, Joseph Armand, qui a raconté comment en 1843 il a découvert Balkis, la capitale de la reine de Saba. « Le texte d'Armand, ce pharmacien un peu Farfelu, qui fut le premier Européen à atteindre Mareb m'amena à croire à l'existence d'une cité perdue de la reine de Saba », écrira An-

André Malraux lors de l'expédition à la recherche de la capitale de la reine de Saba en janvier 1934.

dré quelques années plus tard. En tout cas, ces lignes sont un bel hommage d'un Farfelu à un autre Farfelu !

Cette zone du Yémen est encore très reculée, désertique et souvent le lieu de combats entre tribus ; cela rend son accès par la route quasiment impossible. En plus, André est pressé, il est animé par l'urgence de réaliser cette expédition et de réussir, car il n'a aucun doute, il va trouver la capitale de la Reine de Saba.

L'avion s'impose donc comme le seul moyen de transport pour cette aventure. Nous sommes à une époque où les records aériens se multiplient et où les pilotes, après avoir été les héros de la première guerre mondiale comme Guynemer ou Nungesser, deviennent des héros du quotidien avec des hommes comme Mermoz, Saint-Exupéry, Lindbergh... leurs noms sont sur toutes les lèvres et pour André faire une expédition aérienne est une façon de s'assurer un nouveau prestige. Il veut en être, l'aviation est un univers qu'il veut explorer et où il se voit gagner de nouvelles reconnaissances, un monde où il pourra, aussi, éprouver de nouvelles sensations. Comme André se rêve toujours en grand, pour lui cette expédition aérienne doit avoir un pilote aussi prestigieux que Mermoz ou Saint-Exupéry. Mais malheureusement pour André les deux ont refusé, sentant probablement la fantaisie d'une telle expédition. Ce qui n'est pas de taille à décourager André : il s'est tourné vers un autre héros de l'aviation, Édouard Corniglion-Molinier qui est aussi journaliste. Ce pilote très doué accompagnera André à d'autres moments clés de sa vie, pendant la guerre d'Espagne mais aussi dans le gouvernement du général de Gaulle où il sera ministre aux côtés d'André.

André a une vision très approximative des modalités techniques qui permettront de mener à bien une telle expédition. Corniglion-Molinier fait appel à un autre pilote, le capitaine Challe, pour l'accompagner dans ce voyage. La distance à couvrir sera d'environ 2000 kilomètres à une altitude de 3000 mètres. À cette époque, les avions ont des capacités encore très réduites, il faut donc trouver un avion fiable et résistant. C'est la firme Gnome et Rhône qui le fournira et qui mettra à leur disposition un mécanicien pour compléter l'équipage. L'avion choisi est un avion fermé avec des hublots et un seul moteur à hélice.

Longtemps je me suis imaginé André habillé comme Indiana Jones, partant dans ses aventures avec bottes, chapeau et lasso, jusqu'au jour où je suis tombé sur les photos publiées par *L'Intransigeant*. On y voit André portant négligemment jeté sur ses épaules un manteau recouvrant un costume croisé parfaitement taillé et, pour souligner le tout, il a une écharpe blanche qui à mon avis est en cachemire ; la cigarette aux lèvres et le regard pétillant, il donne le sentiment de celui que rien ne peut arrêter, celui qui va conquérir de nouveaux horizons. Il donne surtout l'impression de se rendre à un cocktail parisien plus qu'à une expédition à l'issue réellement incertaine.

Avant d'entreprendre le grand raid, l'avion fait une première étape qui le conduit avec son équipage en Égypte, plus précisément au Caire où André se délecte de la civilisation des Pharaons. Puis ils se rendent à Djibouti d'où ils s'élancent à la découverte de la cité perdue. De Djibouti, leur avion est le premier vol de tourisme à rallier cette destination.

Le 7 mars 1934, c'est le départ vers LE lieu, ils embarquent des tenues arabes pour tenter d'échapper aux tribus du désert en cas d'atterrissage forcé. L'avion, qui n'a pas embarqué de radio, pour charger un maximum d'essence, a une autonomie de vol de 10 heures. Après une navigation rendue compliquée par la brume et la faible fiabilité des instruments, après le survol de différentes villes dont Sanaa, je laisse à André le soin de raconter SA découverte.

« L'esprit et l'œil, pourtant commencent à s'habituer. Le fantastique retombe, le regard prend l'habitude des ombres qui tremblent. Enfin, à droite, devant nous, commence à devenir distincte une vaste tache presque blanche, une plage de galets colossaux au milieu du sable. Accident géologique ? Erreur ? Non, nous répétons qu'il faut attendre, approcher, mais déjà, au fond de nous-mêmes, nous avons reconnu des tours et nous savons que c'est La ville. Nous arrivons dessus, la regardons grandir comme un affamé mange. »

À partir de là ils installent l'appareil photo et réalisent plusieurs survols qui leur permettent de faire de nombreux clichés attestant de leur découverte. Le texte d'André où il relate le survol est empli de lyrisme et d'exaltation, et il intitule l'article pour *L'Intransigeant* « Le prodigieux spectacle de la cité morte ». Je le laisse à nouveau confier ses impressions.

« Ce n'est plus le désert mais une oasis abandonnée, avec les traces de ses cultures ; les ruines ne rejoignent le désert qu'à droite. Ces enceintes ovales et massives, avec leurs débris de colonnes et leurs éboulés clairs sur le sol, ce sont des temples... Ce n'est pas la boiteuse charmante, mains pleines de pleurs lancées à la barbe de Salomon, qui passe ici de terrasse en terrasse, c'est l'enchanteresse sœur de Sémiramis qui rôde dans la lumière verticale de midi avec les éperviers, au-dessus de ces dieux mystérieux retournés au sable... Comme nous descendons encore, je vois que les monuments sont à l'extérieur de la muraille, du côté des tours, non à l'intérieur. Sans doute y a-t-il eu deux murs d'enceinte, et ce centre encore debout au-dessus de son ravin fut-il une acropole ; sans doute la ville fut-elle construite de briques crues comme Ninive et Babylone et retournées comme elles au désert. Le vaste fer à cheval n'ouvre que sur le vide. Comment atterrir ? D'un côté des dunes molles où l'avion capote à coup sûr ; de l'autre un sol volcanique où des roches sortent du sable.

« Près des ruines, pourtant des éboulements… Dommage qu'il soit impossible d'atterrir, une peuplade de lézards bleus et verts achève sans doute ici, comme il convient, une des plus belles légendes du monde. »

Quand ils finissent par repartir de la ville, il leur reste dans le réservoir quatre heures quinze d'essence… le vol de retour vers Djibouti se déroule malgré tout sans encombre. À peine posé, André envoie un télégramme à *L'Intransigeant* qui publie une dépêche le 10 mars 1934 annonçant : « André Malraux découvre et survole la capitale de la Reine de Saba. » Ces lignes à peine publiées, une polémique éclate par journaux interposés entre l'explorateur Beneyton et André.

Beneyton publie dans *Le Temps* un article où il indique qu'André a confondu Mareb soit avec Tema, soit avec Moka mais que cela ne peut pas être la capitale de la reine de Saba qu'il a survolée et photographiée.

André, que la polémique n'effraie pas, publie à son tour dans *Le Temps* du 10 avril une réponse cinglante que voici :

« Si comme chacun nous risquons de nous tromper en identifiant une ville que nous avons vue, nos contradicteurs risquent de se tromper plus encore en identifiant une ville qu'ils n'ont pas vue du tout… Nous ne confondons nullement, comme le suppose notre contradicteur, une ville de la confédération de Saba avec Moka, pas plus que l'Acropole d'Athènes avec les Champs-Élysées. » Voilà qui est répondu clairement.

De retour à Djibouti, André et Corniglion-Molinier ont la surprise d'être invités à se rendre en Éthiopie pour rencontrer le Roi des Rois, l'empereur Haïlé Sélassié dans son palais. Il veut tout savoir sur la découverte de la capitale de son ancêtre la reine de Saba. Cette visite ravit littéralement André car elle le fait entrer de plain-pied dans l'univers d'une légende de l'histoire. Celui que l'on surnomme « Lumière du Monde », « Lion

Conquérant », les reçoit avec faste dans son palais et rend ainsi hommage directement à la personnalité d'explorateur et de découvreur d'André. Un hommage qui lui permet à ses yeux d'apporter encore plus de véracité à son récit.

Ses articles sont publiés à la une de *L'Intransigeant* du 3 au 13 mai 1934 et remportent un vif succès auprès des lecteurs.

Durant leur vol de retour vers la France, alors qu'ils survolent la Tunisie, l'avion est pris dans une très violente tempête, c'est André qui raconte lui-même cet épisode où il pense qu'il va mourir :

« Au centre du cyclone, l'avion faisait la roue, tournant à plat sur lui-même. Corniglion était crispé sur le manche, à la limite de l'attention, mais son visage était un visage nouveau, yeux plus petits, lèvres gonflées, celui de l'enfance ; et ce n'était pas la première fois que je voyais le danger plaquer, sur un visage d'homme, son masque d'enfant. Il tira soudain le manche à lui, l'avion se cabra

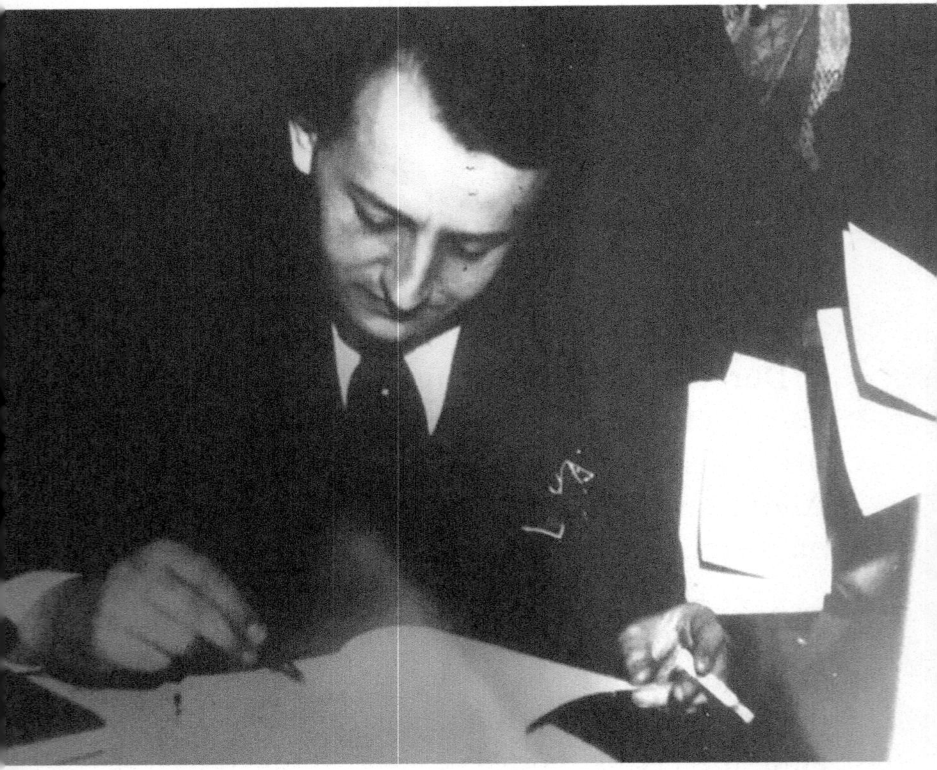

7 décembre 1933, André Malraux reçoit le prix Goncourt pour La Condition humaine.

et le cadran du compas se coinça contre le verre… Entre deux nouveaux coups de fouet de la grêle, ma respiration revint… À demi assommé, l'appareil se traînait sous l'orage à 50 mètres des crêtes, puis au-dessus des vignes mornes et du lac… Le calme de la vie montait du sol encore livide vers l'avion épuisé et le ruissellement de la pluie poursuivait comme un écho de la grêle et de l'ouragan rejeté en arrière ; un apaisement immense semblait baigner la terre retrouvée, les champs et les vignes, les maisons, les arbres et leurs oiseaux endormis. C'est là que j'ai rencontré pour la première fois l'expérience "du retour sur terre" qui a joué dans ma vie un grand rôle, et que j'ai plusieurs fois tenté de transmettre. »

Mais, avant de se lancer dans cette expédition, André a reçu la consécration qui lui permet de se rêver pleinement écrivain.

En décembre 1933, son roman *La Condition humaine* (qui se passe aussi en Asie et qui met en scène les massacres de

Shanghai de 1927) a reçu le prestigieux prix Goncourt.

Dans son style hors du commun, il déclare à la presse lors de la remise de son prix : « Il est d'usage, après tout prix littéraire, d'expliquer pourquoi et comment le livre qu'on a écrit doit plaire à tous. Je désire qu'il n'y ait aucune équivoque sur le mien. J'ai essayé d'exprimer la seule chose qui me tienne à cœur et de montrer quelques images de la grandeur humaine. »

Le personnage d'André Malraux est installé et ses contours sont bien visibles, du talent, des aventures, du mystère, de la polémique, un peu de faux dédain du public, bref les ingrédients qu'il faut pour qu'André, comme Tintin ou Corto Maltese, devienne à son tour en 1936 le héros d'une bande dessinée avec son apparition sous le titre *Men of Daring* (« Hommes d'audace ») dans un comic de New York.

Cette attitude dont André fait preuve lors de l'obtention du Goncourt illustre le détachement apparent dont il veut parer son image. Ce détachement, André le manifeste également auprès de Clara qui accouche de leur fille Florence en mars 1933. Il n'a pas voulu entendre parler de cette grossesse et durant ces neuf mois, pour montrer à Clara combien il désapprouve cette situation, il ne lui a pratiquement pas adressé la parole.

Au fil de ses voyages dans ce que l'on appelle l'Empire français, c'est-à-dire les colonies sous tutelle de la France, mais aussi en Union soviétique ou en Orient, André acquiert une réelle conscience politique. La qualifier de communiste est réducteur. Il réalise qu'il faut dénoncer les injustices et lutter directement contre elles. Ses expériences d'aventurier, ses qualités d'écrivain se réunissent pour le laisser lui, l'homme des combats, s'engager frontalement et physiquement contre les différentes menaces fascistes qui ne cessent de se développer dans cette Europe de l'après-crise de 1929, où Hitler en Allemagne et Mussolini en Italie ont déjà été portés au pouvoir et où Franco guette en Espagne.

Rêver à un monde meilleur

André est spontanément un écrivain engagé. Il n'est pas comme certains intellectuels contemporains à la recherche d'engagements médiatiques. Il veut réellement et profondément changer la société dans laquelle il vit.

En janvier 1933, un séisme secoue toute l'Europe avec l'arrivée au pouvoir d'Hitler. Les déclarations et les positions politiques de ce dernier inquiètent André qui multiplie les prises de position antifascistes.

En février 1933, après l'incendie du parlement à Berlin, les nazis accusent les communistes d'en être les auteurs et font arrêter différents membres du Parti. Pour protester contre ces arrestations arbitraires, Malraux et Gide sont envoyés en Allemagne par le Parti communiste français en janvier 1934. L'objectif de leur voyage est simple : remettre à Hitler et à Goebbels une pétition demandant la libération des communistes emprisonnés à tort.

Ils ne seront pas reçus, et les prisonniers ne seront hélas pas libérés.

Mais, on l'a déjà vu, ce n'est pas un refus qui peut arrêter André, et il en faut plus pour contrarier son engagement en faveur des libertés, de la justice et des démocraties. En mars 1934, il s'engage dans le Comité de vigilance des intellectuels antifascistes puis participe à la fondation de la Ligue mondiale contre l'antisémitisme.

Il passe l'été 1934 avec Clara en URSS où il est invité au Congrès des écrivains soviétiques. Il y rencontre de nombreux intellectuels comme Gorki, Pasternak ou le cinéaste Eisenstein. Il lit à la tribune un texte de Gide et prononce à son tour un discours qui a pour titre « L'art est une conquête » ; il s'y montre réservé sur la capacité du socialisme à libérer la création littéraire. C'est à la fin de son discours qu'il déclare devant une salle un peu médusée : « L'art n'est pas une soumission c'est une conquête. » Il affirme encore plus sa soif de liberté et de découvertes de nouveaux horizons qui ne peuvent se limiter à ce que propose le communisme.

Les carnets de voyage d'André qui seront publiés plus tard et qui relatent ce voyage sont très instructifs sur les sentiments mélangés qu'il ressent à l'issue de ce voyage. Le premier texte, où il raconte le transfert du corps de Gogol, est particulièrement savoureux :

« Quand fut transféré le corps de Gogol, par dieu sait quelle folie, un groupe d'écrivains barbotte le cercueil. Ils l'apportent chez l'un d'eux, l'ouvrant sur la table et commençant à se saouler à mort. Après quelques heures ne restent dans la pièce qu'une table sur quoi repose un cercueil ouvert, os épars, cheveux, poussières... Arrive la milice prévenue qui vient reprendre le cercueil. À moitié réveillés, les lascars prennent le chemin du poste. Quelques ossements tombés ont été ramassés dans une serviette que porte un type, les bouts sont noués en énormes oreilles de lapin. "Salaud, si vertèbre Gogol pas restituée immédiatement, je préviens Guépéou." »

Voilà les lignes qui introduisent son carnet de voyage. Donc, quand un Farfelu part en voyage même officiel en URSS, il ne peut en retirer que des choses étonnantes et forcément différentes de ce que le commun des mortels peut produire. André et Clara reviennent assez dubitatifs de leur séjour soviétique mais pour le moment il n'est pas temps de s'opposer à cet idéal communiste qu'André voit comme une façon nouvelle de construire le monde, une façon qui semble plus égalitaire et libre.

C'est dans ce contexte qu'en juillet 1936, comme le chantera plus tard

André Malraux avec le poète Boris Pasternak et le dramaturge Vsevolod Meyerhold, en 1934 à Moscou.

Jean Ferrat, « éclata la guerre civile, on vit l'Espagne rouge de sang… ». Cette guerre fratricide qui va durer trois ans opposera d'un côté les forces républicaines démocratiquement élues aux troupes nationalistes dirigées par le général Franco. C'est ce dernier qui triomphera après de nombreux massacres et exactions, permettant ainsi aux régimes fascistes de se renforcer en Europe.

Ce conflit voit de nombreux intellectuels s'engager, majoritairement aux côtés des républicains. C'est ainsi que Picasso, à la demande du gouvernement républicain, peint *Guernica* en 1937. Ce tableau dénonce les bombardements sur les populations civiles de la ville commandés par les troupes de Franco et menés par les aviations italienne et allemande. Cette œuvre comme l'engagement d'André dans le conflit font beaucoup pour la propagande prorépublicaine.

Cette guerre est le premier champ de bataille à la mesure des idéaux et des goûts d'aventurier d'André. Il peut donner et prouver toute la mesure de ses convictions et de ses engagements. Si jusqu'à présent il a dénoncé par écrit, là il s'engage physiquement et retrouve le goût du frisson qu'il a pu connaître en menant son expédition sur les traces de la reine de Saba. Bien sûr qu'il est convaincu politiquement et idéologiquement qu'il faut aider le gouvernement républicain, mais il a enfin à portée de main la cause, le lieu et les circonstances qui lui permettent de s'engager totalement.

Durant les trois années de conflit, il va devenir successivement colonel de l'escadrille d'aviation España, écrivain militant lorsqu'il publie son roman *L'Espoir* (le roman de la Révolution) en 1938, collecteur de fonds lorsqu'il part faire ses tournées aux États-Unis et au Canada pour trouver de l'argent pour l'armée républicaine de plus en plus isolée, et enfin réalisateur lorsqu'il tourne le film *L'Espoir, sierra de Teruel*, qui met en scène la guerre d'Espagne et ses héros républicains.

André comprend que face aux alliés allemands et italiens de Franco, l'armée républicaine manque de moyens matériels, aussi il met une énergie folle pour créer son escadrille et trouver des avions (il est aidé dans cette aventure par Jean Moulin alors chef de cabinet du ministre français de l'Aviation). Il engage ses troupes dans de nombreux combats et participe lui-même (il ne sait toujours pas piloter, ni tirer) à 65 opérations sur le sol espagnol.

Pour accompagner le titre de colonel qu'il s'est donné (mais André ne pouvait pas être moins que colonel, général aurait paru excessif et aurait risqué de le tenir loin des combats), il est allé chez le couturier Balmain pour se faire faire son propre costume. Il a besoin aussi d'une apparence pour asseoir son personnage, cela participe de la mythologie qu'il veut voir s'écrire autour de lui. Sur certaines photos prises à l'époque, on voit nettement qu'il se met en scène arborant un béret. Ce sont peut-être ces photos, qui feront le tour du monde et plus particulièrement le tour du monde des révolutionnaires, qui influenceront des années plus tard Ernesto Guevara. En tout cas, c'est munie d'un tel béret que l'image du Che deviendra une icône mondiale.

Sa notoriété d'écrivain ayant largement dépassé les frontières de la France, il parvient à trouver vingt avions et des équipages sont engagés contre les troupes de Franco à Tolède, Madrid, Guadalajara ou encore Teruel. Il est, comble de sa joie, légèrement blessé deux fois. C'est durant ces années d'engagement physique où il multiplie les prises de risque qu'il écrit : « Il faut risquer de mourir, non pour mourir mais pour vivre. »

Son charisme et son aura font d'André un chef écouté et respecté par ses hommes. Il est heureux de se sentir ainsi aimé et capable de conduire des troupes au combat, il sait qu'il parvient à galvaniser ses hommes et à les motiver pour se battre même si les conditions sont difficiles et les victoires bien minces. Il réussit cependant à freiner l'avancée des troupes franquistes vers Madrid en détruisant une colonne entière à Medellín.

La guerre n'est pas un terrain de jeu, sa fougue, son enthousiasme et sa capacité à vouloir agir seul font naître envers lui de solides inimitiés parmi les militaires. Ainsi le chef de l'aviation des troupes républicaines écrit dans un rapport : « Après l'attitude et l'action de M. Malraux, il conviendrait de prendre trois mesures : le réduire à la discipline, l'expulser ou le fusiller. »

C'est pour cette raison que le gouvernement espagnol lui demande de s'occuper plus de la propagande en organisant de nombreuses conférences, en publiant des articles un peu partout pour sensibiliser à la cause républicaine, et enfin en réalisant un film avec Corniglion-Molinier, son complice de l'expédition reine de Saba.

C'est aussi durant cette même période qu'il tombe amoureux de Josette Clotis qu'il rencontre chez Gallimard. André se passionne pour cette jeune femme qu'il rêve d'épouser mais Clara, folle de rage, lui refuse le divorce. André et Josette sont contraints de se cacher, ce qui pimente leur relation et participe à l'amour qu'André porte à Josette. Là encore il ne peut pas avoir une relation normale, il se sent Farfelu et virevoltant, allant d'un endroit à un autre, ce qui ne fait que renforcer les sentiments de Josette.

Les forces républicaines subissent de plus en plus de défaites tandis qu'entre la fin de 1938 et le début de 1939, André tourne *L'Espoir* dans les rues de Barcelone. En raison de l'avancée des troupes de Franco, il devra terminer le tournage dans des studios à Joinville en région parisienne.

André est un réalisateur amateur mais là aussi il est guidé par l'envie et la passion ; les photos du tournage en Espagne le montrent sur le plateau donnant ses consignes et faisant passer ses souhaits de cadrage et de mise en scène, il est réellement investi et le résultat est certes aujourd'hui un peu démodé mais représente un film engagé mettant en avant le courage de ces femmes et de ces hommes qui combattent pour un idéal.

Le film sort en 1939 mais le maréchal Pétain, héros de la première guerre mondiale, qui est à ce moment-là l'ambassadeur de France auprès de Franco, obtient du gouvernement français l'interdiction de sa sortie en salle. Cette victoire du fascisme sur les libertés fondamentales qu'il va défendre toute sa vie, laissera à André un goût amer mais surtout une envie permanente de combats et de luttes contre les injustices et cela jusqu'à la fin de sa vie.

André aura également mesuré durant cette période à quel point il est difficile de mobiliser et d'embarquer l'opinion publique. Il est frappé de voir comme les indignations peuvent être de courte durée et surtout de salon. Il constate qu'ils sont bien peu ceux qui, comme lui, peuvent aller jusqu'à l'engagement ultime, juste parce qu'une idée, une cause supérieure et universelle sont menacées.

Il est donc normal que, dès la déclara-

Tournage en 1938, dans la région de Barcelone du film L'Espoir, Sierra de Teruel *qui sera diffusé à partir de 1940.*

tion de guerre faite contre l'Allemagne nazie, en septembre 1939, et malgré son âge, il aille s'engager. Il rejoint Provins où il est enrôlé comme simple soldat dans les chars d'assaut. Il rêve de combats et d'en découdre avec les armées ennemies, mais la désorganisation et le manque de courage de beaucoup d'officiers supérieurs font subir à l'armée française l'une de ses plus sévères défaites avant la signature de l'armistice par le maréchal Pétain le 17 juin 1940.

André est fait prisonnier. Prévenu par son frère Roland que les Allemands sont à la recherche d'écrivains dont il fait partie, il s'évade de la ferme où il est cantonné par les Allemands. Dans ses *Antimémoires*, il fait de cette évasion un moment épique, plein de dangers et de risques; dans la réalité, ils furent peu nombreux et beaucoup plus réduits.

André a entendu parler du général de Gaulle et de son Appel à la résistance, lancé depuis Londres. Il décide de le rejoindre directement, ne croyant pas beaucoup aux succès d'une résistance intérieure. Il rédige donc une lettre à l'attention de Charles de Gaulle qu'il confie à l'une de ses amies en partance pour Londres via l'Espagne. Hélas cette femme est arrêtée par les Allemands et, pour ne pas risquer d'être compromise par ce courrier, elle l'avale… La lettre n'arrivera bien entendu jamais et pendant toute la guerre, André pensera que de Gaulle n'a pas voulu de lui à ses côtés en raison de ses engagements auprès des communistes.

Je trouve amusant de constater qu'à aucun moment André n'ait imaginé qu'en ces périodes troublées la lettre avait pu ne pas arriver et qu'à aucun moment il n'ait songé à écrire de nouveau au général. Il est ainsi fait : il faut aussi qu'on le désire et qu'on lui montre que l'on a envie de l'avoir à ses côtés.

Dans cette France occupée, il commence par s'installer dans le Sud auprès d'autres écrivains et se refuse à écrire la moindre ligne dans les revues françaises qui sont publiées sous l'œil de la censure allemande. Cet acte de « résistance » est bien léger et dérisoire au regard de l'engagement de ses frères Roland et Claude qui tous deux deviennent dès 1941 des agents très actifs du SOE (Special Operations Executive), le service de renseignement des Anglais que Winston Churchill a créé dans le but de « mettre le feu à l'Europe ».

André fait face à d'autres combats plus familiaux puisque, toujours marié à Clara, il a en 1940 un premier fils avec Josette, Gauthier. Il demande à son frère Roland de le reconnaître pour qu'il porte le nom de Malraux. Puis, en 1943, c'est un second fils, Vincent, qui voit le jour.

À partir de 1943, André, désormais chargé de famille, décide de partir s'installer dans une région plus isolée mais où il pourra se ravitailler plus facilement pour nourrir femme et enfants.

C'est ainsi qu'ils arrivent tous les quatre d'abord dans l'Allier puis dans le Cantal où Madeleine, la femme de son frère Roland, vient de s'installer et où elle mettra au monde Alain en juin 1944.

Roland ne cesse de demander à André de s'engager dans la Résistance ; il ne comprend pas comment son frère, qui a été si présent sur le terrain en Espagne, qui s'est tellement mobilisé contre le fascisme et l'antisémitisme dans ses écrits, dans ses prises de parole et dans ses actes, puisse rester en dehors de ce combat tellement majeur pour l'avenir de nos sociétés.

Mais André semble à côté de ce conflit, il en connaît les atrocités mais n'arrive pas à s'y impliquer. Il donne le sentiment d'être presque complexé par la sincérité et la force de l'engagement de ses frères et de certains résistants qu'il a pu rencontrer.

Claude, qui est né en 1920 et qui s'est engagé au Special Operations Executive dès le début de la guerre, est devenu dans la région de Rouen le numéro 2 du réseau Salesman sous le nom de code Cicero. Il dirige en 1944, au moment où il est arrê-

Roland et Madeleine Malraux en 1942, à Curemonte, en Corrèze, chez Colette de Jouvenel, fille de l'écrivain Colette.
Dès novembre 1940, Roland s'est engagé dans la Résistance. Arrêté et torturé, il meurt en 1945, laissant Madeleine veuve et Alain orphelin de père.

té à Rouen, un groupe de 80 personnes. Torturé par les Nazis, envoyé au camp de Gross-Rosen, il sera fusillé en août 1944 sans avoir jamais parlé.

Roland, né en 1912, a rejoint lui aussi immédiatement la Résistance. C'est lui qui a aidé André à passer en zone libre après son évasion en 1940. Très implanté dans les maquis de Corrèze et du Sud-Ouest, il sera arrêté à Brive-la-Gaillarde le 21 mars 1944. Comme Claude, il sera torturé puis déporté vers le camp de concentration de Neuengamme près de Hambourg. Dans les jours qui précéderont la capitulation allemande, il sera embarqué sur le paquebot *Cap Arcona* qui sera bombardé par la Royal Air Force le 3 mai 1945 : il n'y survivra pas. Sa veuve Madeleine racontera ainsi le moment où elle a appris la mort de son mari :

« 17 mai 1945. On a sonné j'ai ouvert une dame de la Croix-Rouge cherchait André, j'ai répondu qu'il n'était pas là. Elle a laissé un message, un message insupportable, je ne peux pas y croire, je ne peux écrire ces mots. Roland est mort dans le naufrage du navire quittant le camp où il avait été déporté.

« Depuis je ne ressens rien qu'une douleur brutale qui me déchire. La nuit est tombée sur mon âme et je dois être mère et je dois être père. Roland il n'y a que toi dans mon jardin, puisses-tu toquer parfois à ma fenêtre pour me montrer les fruits du jour, j'ai bien peur de ne plus les voir ».

André ne se montrera pas très enclin à entretenir la mémoire héroïque de ses deux frères, véritables Héros de la Résistance. Il faudra attendre octobre 2015 pour qu'une plaque à leur mémoire soit dévoilée à Rueil-Malmaison.

Mais c'est l'arrestation de ses deux frères par les nazis en 1944 qui le décide enfin à s'engager dans la lutte contre les Allemands. Poussé par leur disparition et par l'agitation qui succède aux débarquements des alliés en Normandie en juin et en Provence en août 1944, il entre en guerre à son tour contre les Allemands et contre le régime de collaboration de Vichy. Son intervention ne peut être que militaire, il n'est plus temps de monter des réseaux de renseignement ou des groupes secrets dans les maquis. Mais il ne peut se résoudre à s'engager comme simple soldat acceptant de recevoir des ordres. Il lui faut du panache et du prestige : c'est aussi, il le sait, une façon de gommer son immobilisme des années d'occupation. Il se rêve tout de suite en chef des maquis, en meneur de troupes. Pour cela, il lui faut un personnage, un uniforme, un nom qui fasse mystérieux.

Le « Colonel Berger » fait ainsi son apparition et grâce à des amis de Roland peut rencontrer les responsables des maquis régionaux. Berger est d'ailleurs le nom que porte le héros d'André dans *Les Noyers de l'Altenburg*, roman qui est publié une première fois en Suisse en 1943 et au sujet duquel il racontera plus tard que les Allemands lui ont confisqué le manuscrit intégral. Il le publie finalement de nouveau en France dans son intégralité, en le reconstituant de mémoire, en 1948.

Il présente ce qu'il appelle sa « mission » devant les chefs des maquis de Corrèze, du Lot, de la Dordogne et du Tarn : unifier tous les maquis et en prendre le commandement à l'aube du combat de libération nationale. Son personnage, doté d'un charme magnétique, sa notoriété d'écrivain engagé en imposent à tous ces combattants, souvent de la première heure, qui décident de se rallier à son autorité.

André, qui continue à avoir le sens de l'image et le souci de la postérité, se fait photographier dans des attitudes et des poses extraordinaires. On le voit souriant, le regard allumé par une flamme unique, comme pendant la guerre d'Espagne, vêtu d'uniformes peu réglementaires mais qui lui confèrent une allure et une élégance uniques. Il porte tantôt un casque emprunté à l'armée américaine tantôt un calot qui n'est pas sans rappeler là encore les attitudes que le Che adoptera plus tard. Après les débarquements, les combats entre la

Résistance et les troupes allemandes s'intensifient et de nombreux massacres sont commis par les nazis comme celui du village d'Oradour-sur-Glane (proche du lieu où André a installé Josette, Madeleine et leurs enfants) où le 10 juin 1944 les hommes de la division SS Das Reich massacrent 642 femmes, enfants et hommes, tous civils, qui vivaient là.

C'est cette même division, m'a raconté Alain Malraux, qui, continuant à faire mouvement, s'arrête dans le village où ils habitent. Des soldats font irruption dans leur maison, l'air menaçant, ils fouillent la maison, se penchent sur son berceau où il dort âgé de quelques jours et finalement décident de partir sans faire usage de leurs armes.

De son côté, André multiplie les actions militaires, il se fait arrêter à Granat dans le Lot par une Panzer Division de la Wehrmacht.

Je ne peux pas croire que l'on puisse rêver qu'on s'est fait arrêter et torturer par les hommes de la Division Das Reich,

1944 : André Malraux à la fin de la seconde guerre mondiale, en Colonel Berger. Le regard levé vers ses rêves de victoires, il porte un uniforme fantaisiste, mélange d'éléments français et américains.

et pourtant c'est ce qu'André relate en 1967 dans ses *Antimémoires* ! Il y rêve ces longs moments de tortures, de simulacres d'exécution que les Allemands lui font subir. Et il termine en rêvant son évasion de la prison de Toulouse.

En réalité, il retrouve la liberté après plusieurs transferts dans différents lieux, le 19 août 1944, lorsque tout simplement les Allemands fuient Toulouse (seul le lieu est donc bien réel).

André ne peut limiter son engagement de résistant à ces quelques mois dans le maquis, il veut un engagement plus grand mais aussi plus visible. Et il va se rêver en libérateur de Strasbourg. Strasbourg est l'un des grands symboles de la reconquête de la France, c'est la ville martyre, occupée très tôt et durement par les Allemands qui la considèrent comme ville allemande à part entière. C'est à Strasbourg que le général Leclerc, avec ses troupes de la 2e DB, veut marquer la fin de la guerre. Il a déclaré en Afrique après la victoire de Koufra, le 2 mars 1941 : « Nous sommes en marche, nous ne nous arrêterons que lorsque le drapeau français flottera sur la cathédrale de Strasbourg. » Ses hommes et lui ont tous prêté serment de ne s'arrêter qu'à ce moment-là.

Strasbourg est donc un symbole à la mesure des rêves d'André. Il mobilise ses origines alsaciennes, du côté de son père, et, ayant entendu parler d'une unité qui regroupe les combattants originaires de cette région qui dès la signature de l'armistice avaient quitté l'Alsace et la Lorraine pour ne pas avoir à servir dans les rangs de l'armée allemande, il décide unilatéralement d'en prendre la tête.

Une fois encore, son audace et sa détermination vont faire la différence et le lieutenant-colonel Jacquot (qui commande ces hommes) lui laisse le commandement. Le 17 septembre 1944 à Dijon est donc créée la brigade Alsace-Lorraine placée sous le commandement du Colonel Berger. Cette brigade est à l'image d'André, composée de 1 500 combattants indisciplinés, autonomes mais ayant des âmes d'aventuriers et des envies de victoires et de gloire.

La brigade Alsace-Lorraine intègre la 1re Armée du général de Lattre de Tassigny et va participer aux combats d'Alsace et des Vosges. Elle libère la ville de Dannemarie les 26 et 27 novembre 1944. Je vous laisse découvrir les propos du journal de la brigade relatant la libération de la ville :

« À 3 heures du matin Malraux et Jacquot sont aux avant-postes. Malraux vêtu de sa canadienne, col relevé, et de son légendaire béret et son adjoint viennent reconnaître les abords du bourg. Ils passent de trous en trous puis devisent sur la route ; tous volontaires, mais souvent bien jeunes, voilà les hommes requinqués. »

André semble porté par ces évènements, alors que quelques jours plus tôt le 12 novembre, Josette s'est tuée accidentellement en glissant sous un train. Ce drame, loin de l'abattre, semble l'avoir galvanisé et en tout cas, alors qu'il se retrouve seul avec deux fils, et avec la responsabilité de sa belle-sœur Madeleine qui est seule avec un bébé de quelques mois, il ne se dérobe à aucun combat.

Le 6 décembre 1944, il entre à la tête de son armée dans Strasbourg, mais la ville a déjà été libérée par les troupes de Leclerc le 23 novembre. C'est à cette occasion, dans les allées de la cathédrale où une messe est dite pour célébrer la libération de la ville qu'il croise le général de Gaulle pour la première fois, mais aucune parole n'est échangée entre les deux hommes à ce moment-là.

La guerre touche à sa fin. Le 15 mars 1945, la brigade Alsace-Lorraine est dissoute et il ne reste à André que ses souvenirs rêvés mais aussi vécus, de gloire et de combats. Fort de ses engagements et de sa capacité à écrire lui-même son histoire et sa guerre, il va recevoir de nombreuses récompenses et médailles qui viennent comme des points d'exclamation clore ce chapitre de sa vie.

Il est ainsi fait en Angleterre compagnon du Distinguished Service Order et en France il reçoit les titres et médailles des ordres suivants : compagnon de la Libération, croix de la Libération, médaille de la Résistance, croix de guerre.

Eh oui, tout cela pour cette poitrine dont le cœur se gonfle parfois de trop d'orgueil mais où les battements sont toujours sincères. André a sincèrement cru jusqu'à la fin de ses jours qu'il avait été un important résistant et il n'hésitera jamais à porter ses décorations sur son smoking ou sur son manteau lors de moments importants comme pour l'enterrement du général de Gaulle en novembre 1970.

Si André a rêvé d'un monde meilleur et plus juste en allant combattre directement, maladroitement parfois mais sincèrement toujours, les forces fascistes espagnoles ou en se servant de sa notoriété d'écrivain pour dénoncer les atrocités du nazisme arrivant au pouvoir en Allemagne, il a eu du mal à entrer en guerre contre le régime de Pétain et de Laval à Vichy. Il n'a collaboré à rien et en rien mais il semble ne jamais trouver une façon flamboyante d'entrer dans la Résistance. Ce sont les arrestations de ses frères qui le poussent à agir et à s'engager avec ses excès et ses exagérations. Certes dans ses *Antimémoires* il ment quant à ses actions de résistance mais peut-être le romancier y prend-il le pas sur l'homme d'action et l'aventurier.

Pour moi, ses affabulations sont des inventions par omission, presque des mensonges de honte d'avoir le sentiment d'être passé à côté de l'Histoire, lui qui a été de tous les combats de l'entre-deux-guerres, lui pour qui les injustices sont intolérables, lui pour qui les arbitraires doivent être combattus.

André a quand même réussi à se construire un vernis de vrai combattant en faisant partie du cercle très fermé des compagnons de la Libération. Cet ordre qui comporte 1061 chevaliers a été créé par le général de Gaulle en 1940 pour « honorer et récompenser les personnes ou les collectivités militaires et civiles qui se seront signalées dans l'œuvre de libération de la France et de son Empire ». L'ordre a été fermé en 1946, scellant ainsi la liste des grands résistants : André en fait partie.

Rêver en grand

Le 18 juillet 1945, il est 11 heures du matin mais déjà la température est élevée, dépassant les 30 degrés, quand Malraux est introduit dans le bureau du général de Gaulle au ministère de la Guerre où celui-ci a installé son gouvernement provisoire.

Je ne résiste pas au bonheur de laisser André lui-même raconter ce moment qu'il attendait depuis 1940.

L'invitation à venir rencontrer de Gaulle lui a été portée par un militaire venu à son domicile de Boulogne (dans cette maison devant laquelle je passe chaque soir et d'où il me semble que tant de grandes ombres vont surgir des vitres de l'Atelier) : « Le général de Gaulle vous fait demander, au nom de la France, si vous voulez l'aider. »

Voilà une invitation qui ne manque ni de panache ni de portée historique ! André ne peut répondre que oui et se rend sur-le-champ dans les bureaux du Général.

« Je fus introduit dans une pièce à laquelle de grandes cartes d'état-major donnaient une atmosphère de travail. Le général me fit signe de m'asseoir à droite de son bureau… "D'abord le passé", me dit-il. Surprenante introduction. C'est assez simple, répondis-je. Je me suis engagé dans un combat pour, disons, la justice sociale. Peut-être plus exactement : pour donner aux hommes leur chance… J'ai été président du Comité mondial antifasciste avec Romain Rolland, et je suis allé avec Gide porter à Hitler, qui ne nous a pas reçus, la protestation contre le procès de Dimitrov et des autres soi-disant incendiaires du Reichstag. Puis il y a eu la guerre d'Espagne, et je suis allé me battre en Espagne. Pas dans les Brigades internationales qui n'existaient pas encore, et auxquelles nous avons donné le temps d'exister : le Parti communiste réfléchissait… Puis, il y a eu la guerre, la vraie. Enfin est arrivée la défaite, et comme beaucoup d'autres, j'ai épousé la France. »

En rentrant de ce premier rendez-vous avec de Gaulle il déclare tout simplement à Madeleine : « Bon, j'ai rencontré l'incarnation de la France. »

C'est une profonde fascination et une admiration réciproque qui vont naître de ce rendez-vous.

Pour de Gaulle, Malraux incarne le génie littéraire, l'aventurier, l'homme qui ne s'embarrasse pas des conventions pour agir. C'est un homme de fougue et de convictions, même s'il se méfie de son engagement auprès des communistes.

Pour André, de Gaulle est l'Homme absolu, homme de culture et d'écriture, homme de combats et de conviction. De Gaulle est un homme droit, il a su être l'incarnation de la France quand tout s'écroulait. Il voit en lui celui qui peut encore changer le cours du monde. Avec de

Gaulle, il sent qu'il va pouvoir accompagner les grands changements du monde qui renaît en cet après-guerre. Entre autres, comme le Général, il est persuadé que les empires coloniaux doivent disparaître et que les peuples doivent s'autonomiser et se libérer.

Le gouvernement provisoire que conduit de Gaulle doit très rapidement reconstruire le pays détruit par la guerre mais aussi sous la menace du parti communiste qui, sous l'impulsion de Moscou, cherche à imposer la révolution prolétarienne.

André a bien compris, et cela depuis de nombreuses années, l'efficacité et le rôle de l'information pour lutter contre les rumeurs et les désinformations que peuvent lancer les communistes. Il est passionné par la puissance du cinéma, convaincu de la force de la radio, qui a tellement aidé de Gaulle depuis Londres.

C'est à cette époque qu'il invente ce que nous appelons aujourd'hui des Moocs et que l'on trouve largement dans les universités. Dès 1945, il rêve d'une grande réforme de l'Éducation nationale ; « J'avais un dada, transformer l'enseignement par l'emploi généralisé des moyens audiovisuels. Seuls le cinéma et la radio étaient alors en cause ; on pressentait la télévision. Il s'agissait de diffuser les cours des maîtres choisis en raison de leurs qualités pédagogiques, pour apprendre à lire, comme pour découvrir l'histoire de France. L'instituteur n'aurait plus pour fonction d'enseigner, mais d'aider les enfants à apprendre. »

Une fois encore l'intuition d'André est géniale et il se pose en précurseur de ce que le monde va devenir.

De Gaulle demande donc à André, au nom de la France, de rejoindre son gouvernement, et lui confie à partir de novembre 1945 le ministère de l'Information.

Jusqu'à janvier 1946, André, dans ce nouveau rôle, va s'attacher à mettre en avant la politique du gouvernement. Il goûte aussi à une nouvelle aventure, celle

Madeleine Malraux, d'abord belle-sœur d'André dont elle a épousé le frère Roland en 1943, elle épouse André en 1948. Pianiste concertiste, qui joue en France comme aux États-Unis jusqu'en 2011, elle disparaît en 2014, à cent ans.

de la politique. Mais, contrairement à la plupart de celles qu'il a vécues jusqu'alors, il s'agit là d'une aventure collective, d'une aventure dont il n'est pas l'initiateur. Il en accepte les règles, ce qui est nouveau chez lui et démontre le poids de la personnalité de Charles de Gaulle.

André choque parfois l'entourage du Général, à commencer par son épouse Yvonne, qui voit en lui un aventurier communiste : en plus, il vit avec Madeleine, sa belle-sœur, veuve de son frère Roland, sans être marié avec elle, et, comble de tout, il a deux fils d'une femme décédée qu'il n'a pu épouser car sa première femme lui a refusé le divorce. En fait, si André n'a pas divorcé pendant la guerre, c'est aussi parce qu'il a voulu protéger Clara et Florence qui portent toujours le nom de Malraux, moins suspect aux yeux des nazis et du gouvernement de Vichy que Goldschmidt.

En tout état de cause, André semble être une sorte de diable ou en tout cas d'incarnation de la débauche aux yeux de celle que la France surnomme affectueusement « Tante Yvonne ». Cette attitude de Mme de Gaulle fait naître chez lui une sorte d'inimitié pour cette femme dont il dira plus tard : « Elle semble toujours réfréner une irrésistible envie de tricoter ». Mais il se plie à ses souhaits et divorce pour pouvoir épouser Madeleine en mars 1948.

André agace aussi les gaullistes « historiques », ceux qui dès 1940 se sont engagés aux côtés du Général. Ils ne comprennent pas la place et la confiance que de Gaulle lui accorde. Que le Général l'appelle « Mon génial ami », mots rares chez lui, est un mystère pour ceux qui sont dans son entourage depuis bien plus longtemps et qui ont partagé déjà avec lui tant de combats. Ces barons du gaullisme ne voient en André qu'un aventurier, arriviste, opportuniste, et lui reprochent ses engagements auprès des communistes. Il n'est à leurs yeux pas digne de confiance. Nombreux seront ceux qui durant tout ce compagnonnage entre ces deux figures

Image de famille presque modèle avec Florence, Vincent et Gauthier, les enfants d'André, et Alain, le fils de Roland et de Madeleine Malraux.

de France tenteront de les détourner l'un de l'autre en plaçant des pièges sur la route d'un André souvent bien naïf et ne connaissant pas les fourberies des politiques, des vrais.

Le choix de l'aventure politique que fait André à ce moment-là est un choix difficile pour lui car il va le couper de son monde d'intellectuels qui eux non plus ne vont pas comprendre les raisons de son engagement aux côtés du général de Gaulle jugé par leur grande majorité comme réactionnaire et de droite, donc symbole d'un État dur et répressif.

Il fait ce choix car il croit plus que tout dans l'importance de l'homme de Gaulle et dans la vision qu'il a pour la France. Il fait ce choix en digne apôtre du « charlisme », c'est-à-dire en se montrant capable de passer outre ses convictions et ses habitudes pour servir un idéal plus grand que lui : la France. Le « charlisme » qu'André incarne durant ces années est flamboyant, généreux, et surtout altruiste.

Je suis toujours impressionné par la violence dont André va être la cible pratiquement jusqu'à la fin de sa vie et cela venant de tous les côtés, des « barons » du gaullisme comme des intellectuels aux côtés desquels il a pourtant tant combattu, mettant sa vie en danger en Espagne ou en cherchant à faire libérer les communistes dans l'Allemagne nazie.

Ni les uns ni les autres ne lui feront de cadeaux durant toutes ces années, mais il en faut plus pour empêcher notre « Farfelu » de s'adapter à cette nouvelle situation et de virevolter entre les coups.

Lui-même mettra en quelque sorte un point final à sa vie de compagnon de route du communisme en déclarant en 1946 : « Il est trop tard pour croire en quelque chose, on ne peut plus croire qu'en quelqu'un. »

Ces différentes attitudes, cette façon de se moquer de ce que les uns et les autres peuvent dire et penser mettent en lumière le côté iconoclaste d'André Malraux, un

Le général de Gaulle avec son ministre de la Culture en marge d'un conseil des ministres à l'Élysée.

homme qui vit plusieurs vies, un homme d'engagement et un homme d'action. Il considère profondément qu'il n'y a pas de grandes ou de petites actions, il n'y en a pas de plus glorieuses que d'autres. Pour lui, seuls le but à atteindre et le combat à mener sont importants, et il est persuadé qu'en agissant auprès d'un homme comme Charles de Gaulle, qu'il ne trahira jamais, il gagnera son combat pour la culture : ce qu'il veut, c'est « donner aux hommes leur chance », c'est-à-dire les faire grandir, et donner les moyens de s'émanciper par la seule culture à l'humanité tout entière. Sa vision est certes d'abord française, mais implique pour lui une dimension universaliste : le rayonnement de la France sera mondial et son combat pour l'accès à la culture portera ses fruits sur tous les continents.

Comme depuis le début de sa vie, André ne fait pas les choses à moitié et il s'engage totalement aux côtés du Général et épousera tous les combats que ce dernier mènera jusqu'à sa mort.

La grandeur que le général de Gaulle veut redonner à la France et aux Français correspond à cette même vision romanesque qu'a André. Avec de Gaulle, il pressent que la culture française sous toutes ses formes, de toutes les époques, va devenir une des armes de la grandeur du pays. Il comprend que toute son énergie peut désormais se concentrer et se canaliser dans cette mission de rayonnement de la France. Mais, pour y arriver, encore faut-il que de Gaulle soit au pouvoir, puisque, refusant les compromissions des partis politiques, il démissionne avec tout son gouvernement dès janvier 1946.

André n'est pas alors tenté par une carrière politique. Il ne cherche pas, lorsque le Général crée le RPF (Rassemblement du peuple français), en 1947, à se présenter à la députation. Non, pour lui, l'aventure dans laquelle il s'engage est celle de l'homme Charles de Gaulle : il se contentera donc simplement de devenir un élément central au sein du RPF.

Aux côtés du Général, il continue à s'occuper de ce qu'il faisait au gouvernement, c'est-à-dire de la communication. Il se passionne pour l'organisation des meetings où de Gaulle prend la parole. Il conçoit de véritables mises en scène pour ses déplacements. Alors que l'usage veut à l'époque que les hommes politiques prennent la parole de façon très dépouillée, André fait de Charles de Gaulle un héros avec force scénarisation, estrades, photos et drapeaux. Précurseur des grands shows de nos hommes politiques contemporains, il organise les montées sur scène, fait écrire ou dit lui-même les discours qui précèdent l'intervention de la « vedette ». Il est à la fois metteur en scène, scénographe et chauffeur de salle !

Il est désormais incontournable aux côtés du Général. Chaque mercredi, il participe aux réunions de travail qui se déroulent au siège du RPF, 5 rue de Solférino dans le 7e arrondissement de Paris. C'est ce rituel qui donnera, lorsque de Gaulle

André et sa fille Florence dans la maison de Boulogne, juin 1954.

deviendra président de la République, le rythme des conseils des ministres du mercredi.

Les batailles politiques entre le RPF et le Parti communiste français sont d'une rare violence et les coups sont très souvent dirigés contre André qui est désigné comme traître à la cause. Aussi, en novembre 1948, André est-il victime d'une tentative d'assassinat : une balle tirée depuis la rue le rate de peu alors qu'il travaille à son bureau.

Cette même violence politique, André en sera la victime plus tard, en 1962. Durant les évènements liés à l'indépendance de l'Algérie, les fanatiques d'extrême droite de l'OAS viendront déposer une bombe devant son domicile à Boulogne. Cette bombe en explosant ne touchera pas André, mais fera perdre un œil à la fille de ses propriétaires. Il sera profondément marqué par cet acte, non par la menace contre sa propre vie mais par le coup porté à une innocente.

En 1953, après la défaite du RPF aux élections, de Gaulle jette l'éponge. André le suit, lui qui ne croit pas en la logique des partis, trop figés et trop calculateurs.

De Gaulle se retire dans sa maison de Colombey-les-Deux-Églises pour y entamer ce que l'on va appeler sa « traversée du désert », qui va durer jusqu'en 1958.

Durant cette période difficile pour le Général, qui doute de sa capacité à revenir et à faire triompher sa vision pour transformer la France, André fait partie des rares et vrais fidèles. Ils se rencontrent très régulièrement, échangent leurs points de vue sur la société, sur la culture, sur le monde. Et André, contrairement à d'autres « proches » du Général, refuse de se compromettre en entrant dans l'un des nombreux gouvernements de la IVe République.

Pendant ces années, André ne reprend pas davantage le chemin de l'aventure, et il ne publie plus une ligne en tant que romancier. Il semble se détourner de ce mode d'expression.

Préparation de la publication de la troisième édition du Musée imaginaire *en 1965.*

Il consacre son énergie et son écriture à la rédaction de discours et d'articles pour les journaux. En 1949, il fonde la revue *Liberté de l'Esprit* dont le rédacteur en chef est Claude Mauriac et dont il fait une tribune pour les intellectuels gaullistes.

Pourtant, en parallèle de son implication sans faille au sein du RPF, André s'engage plus profondément dans une nouvelle forme d'aventure, celle de la culture. Ainsi, en 1947, il publie *Le Musée imaginaire*. Dans un même livre, il regroupe toutes les œuvres d'art qui sont pour lui essentielles. En invitant ainsi chacun à apporter ses œuvres préférées et à compléter ce musée imaginaire et personnel, il invente le premier Wiki de l'art.

Il est surtout le premier à avoir l'audace de placer côte à côte des œuvres africaines, de la statuaire grecque ou indienne… et à mettre en avant le lien entre tous les arts, toutes les cultures, plaçant tout au même niveau, avec déjà la certitude d'une universalité de la culture. Il s'attache à donner une place égale aux œuvres d'art, avec souvent une explication différente de celle voulue par l'artiste puisque ces œuvres sont désormais dans des musées, donc détournées de leur fonction première de décorer une pièce, d'orner une église, de représenter une personne…

Pour André, ce musée imaginaire n'est donc pas une somme d'œuvres avec lesquelles il partirait sur une île déserte. Comme il l'explique, à Picasso, « le vrai lieu du Musée Imaginaire est nécessairement un lieu mental ». Il le conçoit en fait comme une aventure artistique et comme un travail d'archéologue. Il est simultanément Indiana Jones archéologue et Tintin reporter, chacun représentant un bout du chemin. D'un côté la découverte et l'inscription dans le temps et de l'autre la narration et la mise en perspective.

André ne cherche pas par ailleurs à être celui qui donne des bons points aux œuvres d'art, mais plutôt celui qui les relie les unes aux autres dans une grande histoire culturelle mondiale des hindous aux œuvres de Picasso, en passant par les Égyptiens, les Grecs, les artistes de la Renaissance ou les créateurs d'arts premiers. Et ce travail, il veut que les lecteurs puissent en faire une aventure artistique personnelle en l'enrichissant de leurs attentes et de leurs souhaits.

Le succès de ses publications artistiques et la renommée littéraire qu'il a déjà acquise bien avant la guerre le font entrer dès 1947 dans la célèbre collection de la Pléiade où son œuvre romanesque est publiée. André est devenu une personnalité incontournable dans le monde de la culture et cela bien au-delà des frontières de la France. Il est invité à travers le monde où l'on guette ses propos, ses engagements et ses avis.

En 1952, il part pour la Grèce puis, dans sa quête de la découverte de civilisations antiques, il se rend en Égypte, en Iran puis en Irak. Ces voyages sont pour lui l'occasion de se plonger dans des cultures religieuses et historiques grâce auxquelles il tente de percer le mystère de la vie.

Fin 1953-début 1954, il est l'invité de la ville de New York pour la réouverture d'un musée bien réel celui-là, le Metropolitan. Il multiplie parallèlement les interventions à caractère culturel, passant d'un congrès international d'art aux États-Unis à la célébration en Suède du 350e anniversaire de la naissance de Rembrandt où il prononce un discours intitulé « Rembrandt et nous ». Tout est prétexte pour lui à faire rayonner ses idées sur la culture, à donner envie à tous ses interlocuteurs de devenir à leur tour des croyants de la culture.

Cependant, même s'il tente de dissimuler ses envies d'aventure en se parant du seul costume d'intellectuel, ses indignations ne sont jamais longues à ressortir. Quand, en mars 1958, le livre autobiographique *La Question* du journaliste Henri Alleg, dans lequel celui-ci dénonce la façon dont l'armée française se livre à la torture en pleine guerre d'Algérie, est censuré et interdit de vente, André mobilise immédiatement d'autres écrivains comme Sartre, Martin du Gard ou Mauriac pour protester auprès du président de la République René Coty. Cette attaque contre la liberté de penser tout comme cette atteinte aux droits de l'homme en Algérie sont des situations intolérables pour lui : il se doit alors d'agir et de reprendre sa tenue d'intellectuel engagé.

La France est secouée par ce conflit en Algérie et le gouvernement, n'arrivant plus à faire face, se retourne vers celui qui semble le seul capable de rétablir l'ordre et la confiance : Charles de Gaulle.

Dans la foulée de son arrivée comme président du Conseil, André est nommé au gouvernement le 1er juin 1958 comme ministre délégué chargé de la communication.

La première mission du gouvernement est de rétablir la situation politique et de doter la France d'institutions fortes garantissant une véritable stabilité avec un pouvoir renforcé du président de la Répu-

« La Lanterne », à l'époque résidence secondaire du Premier ministre, fut mise à la disposition des Malraux après l'attentat de l'OAS visant leur demeure à Boulogne. L'écrivain-ministre y a résidé de 1962 à 1969.

blique. Ce qui aboutira à la création de la Ve République.

Ce changement de constitution passe par un vote auprès des Français. André s'attelle corps et âme à les convaincre de voter « oui » à cette nouvelle ambition que de Gaulle propose au pays. Le Général envoie même André aux Antilles et en Guyane pour expliquer sa volonté et les garanties démocratiques qu'offre son texte.

Mais surtout André va être le grand metteur en scène du discours de Charles Gaulle place de la République le 4 septembre 1958. Avant de voir le Général monter sur une tribune pavoisée de bleu blanc rouge, sous la statue de la République, on entend André de sa voix grave et saccadée prononcer ces mots :

« Quand j'ai dit que certains voulaient la République sans le général de Gaulle et d'autres le Général sans la République, la France, elle, voulait la République avec le général de Gaulle… Ici Paris, Honneur et Patrie. Une fois de plus au rendez-vous de la République et rendez-vous de l'histoire, vous allez entendre le général de Gaulle. »

Cette mise en scène solennelle, qui met en avant un homme seul face aux symboles de notre histoire républicaine, s'avançant devant les Français massés devant lui pour l'entendre, a peut-être influencé les responsables en communication d'Emmanuel Macron lorsqu'il a traversé seul la cour du Louvre avant de s'adresser aux Français venus l'acclamer au soir de sa victoire devant la pyramide, en mai 2017.

En octobre 1958, la constitution de la Ve République est largement approuvée par les Français. Avec ce signal en faveur de la renaissance de la France, André fait son entrée dans le nouveau chapitre de notre Histoire en train de s'écrire au côté du héros qu'il a enfin trouvé en la personne de Charles de Gaulle. André en cet instant devient plus qu'un écrivain, plus qu'un militant, plus qu'un aventurier : il devient un personnage historique capable de faire de ses rêves de grandeur des réalités.

Son terrain d'expression ne se limite plus aux pages de ses romans mais s'ouvre à la France entière. Il ne met plus en scène des héros rêvés, il lui revient désormais d'offrir aux Français des solutions concrètes pour faire de la culture une porte ouverte vers la liberté et vers l'émancipation.

Rêver la culture

Pour la première fois de son histoire, la France a le 13 février 1959 un ministre d'État chargé des Affaires culturelles, et c'est André qui revêt ces habits qui lui ont été taillés sur mesure par de Gaulle.

André notre Farfelu, ce papillon tourbillonnant et virevoltant, va enfin pouvoir s'attaquer à l'œuvre de sa vie : faire rayonner le pouvoir de la France à travers sa culture.

Au-delà de ses envies de grandeur pour le pays, c'est une culture populaire, accessible à tous et partageable entre tous que Malraux veut faire éclore et voir se répandre partout. Pour lui, cela signifie « donner à chacun les clés du trésor ».

André ne fait pas que populariser la culture, il la transforme en un levier. Pour lui, ce ministère est une vigie, un phare qui participe au rayonnement de la France. La culture est la base de toute civilisation, le point de départ de tous les développements. Il ne veut pas d'un ministère musée qui la figerait dans le passé mais, au contraire, il veut promouvoir une culture vivante.

Dans le décret qu'il rédige lui-même pour définir les missions de son ministère, il précise : « La mission est de rendre accessibles les œuvres capitales de l'humanité, et d'abord de la France, au plus grand nombre possible de Français, d'assurer la plus vaste audience à notre patrimoine culturel et de favoriser la création de l'art et de l'esprit qui l'enrichisse. »

André sait depuis longtemps et les différents voyages entrepris depuis la fin des années 1920 le lui ont confirmé, à quel point l'accès à la culture permet de se libérer et de grandir. Il le déclare lui-même avec toujours le même enthousiasme : « L'histoire tente de transformer le destin en conscience, et l'art de le transformer en liberté. »

C'est cette soif de liberté, qu'il a tellement chérie dans sa vie de romancier et d'aventurier, qu'il va placer au cœur de son ministère. Il l'affirme haut et fort : « La culture ne s'hérite pas, elle se conquiert », et d'ajouter : « Le musée transforme l'œuvre en objet. »

Les onze années qu'il passe à la tête de son ministère sont ponctuées de hauts et de bas liés à son implication, à ses envies, à son état de santé ou à des drames personnels comme la mort accidentelle en voiture de ses deux fils Gauthier et Vincent en mai 1961. Madeleine tente dans son journal de raconter cette nouvelle tragédie qui les frappe :

« Désormais la glace est sur nos cœurs. Tout est changé. Il [André] n'a pu les regarder, étendus dans leur dernier sommeil. Tragique... Nous avons fait donner un service par le père Bockel à la paroisse de Charonne, où ils reposent aux côtés de leur mère. Vide, détruit, visage creusé, yeux gonflés, André est absent. Il est parti, à sa manière.

Il a fallu honorer de notre présence livide les souverains Baudouin et Fabiola de Belgique. André a tant insisté pour aller à cette soirée à l'Élysée. Pourquoi ? En plein cocktail il me glisse : "Nous faisons peur." Dieu que je voulais fuir. »

André ne sera plus jamais le même après ce nouveau coup du sort qui le terrasse. Il n'arrive pas à exprimer verbalement sa détresse et son chagrin, c'est donc physiquement qu'il se marque et qu'il sombre petit à petit.

Malgré les coups du sort, tous les mercredis, lors des conseils des ministres, André est assis à la droite du général de Gaulle qui écrit :

« À ma droite, j'ai et j'aurai toujours André Malraux. La présence à mes côtés de cet ami génial, fervent des hautes destinées, me donne l'impression que par là, je suis couvert du terre à terre. L'idée que se fait de moi cet incomparable témoin contribue à m'affermir. Je sais que, dans le débat, quand le sujet est grave, son ful-

Conseil des ministres à l'Élysée. André Malraux, toujours assis à la droite du général de Gaulle, est le seul que le président appelle alternativement « génial ami » ou « mon cher ami ».

gurant jugement m'aidera à dissiper les ombres. »

La fascination du Général pour Malraux est absolue, il lui pardonne ses écarts, ses attitudes ou ses prises de position. Charles et André sont les deux pôles magnétiques d'une même boussole qui indiquent une même direction, un Nord chevaleresque et politique.

Très vite André a su convaincre le Général que la culture allait participer au rayonnement mondial de la France. Et il est à ma connaissance le seul ou presque qui ait réussi à faire rire le Général en public. Différentes photos les montrent ensemble riant franchement, que ce soit sur le perron de l'Élysée lors de la réception du Shah d'Iran ou lors de visites d'expositions qu'André commente à de Gaulle.

Charles de Gaulle veut un pays fort, qui puisse compter entre les blocs américain et soviétique, André lui propose que la culture française soit l'un de ses fers de lance, une arme de séduction massive qu'il utilisera aussi bien auprès du couple Kennedy à la Maison Blanche, que du président Mao en Chine ou encore en Iran, en Afrique ou dans sa chère Inde dirigée par son ami Nehru.

Ce sont des dizaines de pays dans lesquels André se rend et où il délivre le message de la culture universelle de la France.

Il sait allier culture et diplomatie et c'est pour cette raison qu'en 1965 il rencontre Mao Zedong, un an après que la France a reconnu le régime communiste de la Chine. Sa connaissance du pays, de sa civilisation, son image de romancier et de révolutionnaire aux côtés des Républicains espagnols séduisent le Grand Timonier. Lors de leur rencontre, André ne manque pas d'évoquer son engagement auprès des révolutionnaires chinois en 1925 et ses contacts réels et rêvés avec les membres du Kouo-min-tang. Voilà l'exemple même de cet art de la séduction dont André sait faire preuve durant toutes ses années de ministre et d'émissaire de Charles de Gaulle.

Ce même art de la séduction lui permet de totalement conquérir le couple présidentiel américain. Les photos qui montrent André et Jackie lors de leurs rencontres en France ou aux États-Unis mettent en avant des regards pleins de tendresse et de fascination réciproques. Jackie Kennedy déclarera des années plus tard en parlant d'André : « Il est l'homme le plus fascinant que j'aie rencontré. »

Les discours qu'André écrit et prononce lors de ses voyages sont puissants et surtout terriblement visionnaires. Ils vont là encore bien au-delà d'une vision étriquée de la culture. Ainsi à Brasilia le 25 août 1959, il prononce des paroles prémonitoires sur l'exploitation des ressources terrestres : « La France pense que les relations entre le Brésil et l'Europe, imposées par la nature même de la civilisation qui est en train de naître sous nos yeux, vont dépasser de loin ce que, dans divers domaines, on appelait naguère des échanges, que l'établissement d'un plan mondial d'exploitation des richesses naturelles au bénéfice des nations qui les possèdent, et d'elles seules, doit devenir l'un des desseins majeurs du siècle, et qu'à sa lutte épique contre la Terre, l'homme doit donner enfin des formes dignes de lui. » Ses déclarations au Brésil seront reprises par la compagnie aérienne Panair do Brasil dans ses campagnes de publicité.

Il sillonne le continent africain en 1960 lors des indépendances du Tchad, du Gabon, du Congo et de la République centrafricaine. Sa proximité avec ce continent l'amène tout naturellement en 1966 à inaugurer aux côtés du président Senghor au Sénégal le Premier Festival mondial des arts nègres. Lors de la cérémonie, il prononce un discours prémonitoire sur l'Afrique : « Pour la première fois un chef d'État prend entre ses mains périssables le destin périssable d'un continent… Une culture c'est d'abord l'attitude fondamentale d'un peuple en face de l'univers. Mais, ici, aujourd'hui, ce mot a deux significations différentes et d'ailleurs complémentaires. D'une part nous parlons du patrimoine artistique de l'Afrique, d'autre part nous parlons de sa création vivante. Donc d'une part, nous parlons d'un passé, et d'autre part, d'un avenir. »

Notre génial Farfelu pose les bases de la reconnaissance de la culture africaine. Il est l'un des premiers à avoir cette audace de la considérer à l'égal des autres cultures.

Après la visite des Kennedy en France en 1961 et afin de renforcer les liens entre la France et les États-Unis qui sont parfois compliqués compte tenu des positions du président de Gaulle, André organise une visite d'État mémorable. Plus fort comme symbole qu'un voyage du Général, mais plus facile à transporter que la tour Eiffel : André décide, contre l'avis de tous les conservateurs du Louvre, de faire voyager la Joconde en 1963 vers la National Gallery de Washington ! Ce sera dans une cabine de première classe du paquebot *France* que la Joconde fera la traversée avant d'arriver sous haute protection dans la capitale américaine.

John Kennedy salue l'audace d'André et l'accueille par ces mots : « Vous êtes un écrivain, un philosophe, un homme d'État et un soldat. »

Pour justifier les risques pris pour faire voyager ce tableau, André a eu ces mots que je trouve bouleversants de vérité et de simplicité :

« Les risques pris par les garçons qui débarquèrent un jour en Normandie – sans parler de ceux qui les avaient précédés vingt-cinq ans plus tôt – étaient bien plus certains. Au plus humble d'entre eux qui m'écoute peut-être, je tiens à dire, sans élever la voix, que le chef-d'œuvre auquel vous rendez ce soir, monsieur le président, un hommage historique, est un tableau qu'il a sauvé. »

Rien à ajouter.

Ses discours d'Athènes à Téhéran en passant par l'Inde ou le Japon, à qui il confiera la Vénus de Milo en 1964, ne sont qu'une partie de la mission qu'il s'est assignée en faisant naître ce ministère. Il s'attelle surtout dès son arrivée dans les bureaux du Palais-Royal à élaborer une véritable politique culturelle pour tous les Français, qui s'attache à développer toutes les pratiques artistiques sans classement de valeur ou de grandeur. André, comme il l'a déjà écrit dans son *Musée imaginaire*, veut que tous les arts se lient et se relient pour le bénéfice de tous.

Dès 1959, il fait reconnaître les cinémas d'art et d'essai et leur fait obtenir une aide financière, ce qui permet de passer de 10 à 59 salles en France en 1962. C'est encore lui qui instaure l'avance sur recettes pour aider à la réalisation de premiers films et ainsi permettre au cinéma français de rester l'un des plus dynamiques dans le monde.

Il veut que les musées soient des lieux vivants et proches de leurs publics. Il prend donc vite conscience que la culture ne peut être que le reflet de ce que pensent le ministère ou les conservateurs du Louvre. C'est pour cela qu'en 1963, il demande aux préfets de créer des comités régionaux des affaires culturelles (DRAC actuelles) pour soutenir les créations contemporaines mais aussi pour planifier de grands rendez-vous culturels locaux. Ces actions permettront de favoriser l'émergence de musées, manifestations et festivals culturels de proximité.

Mais cela ne va pas encore assez loin... André veut voir naître des lieux où tout le monde peut entrer librement pour découvrir l'art ou pour exercer son art. Il transforme ce rêve en une réalisation géniale : il crée les Maisons de la culture qui s'ouvrent sur tout le territoire, du Havre à Amiens en passant par Rennes, Grenoble ou Bourges où il prononce le 18 avril 1964 un discours expliquant ses ambitions :

« Ce que l'on appelle la Culture, c'est l'ensemble des réponses mystérieuses que peut se faire un homme, lorsqu'il regarde dans une glace, ce qui sera son vi-

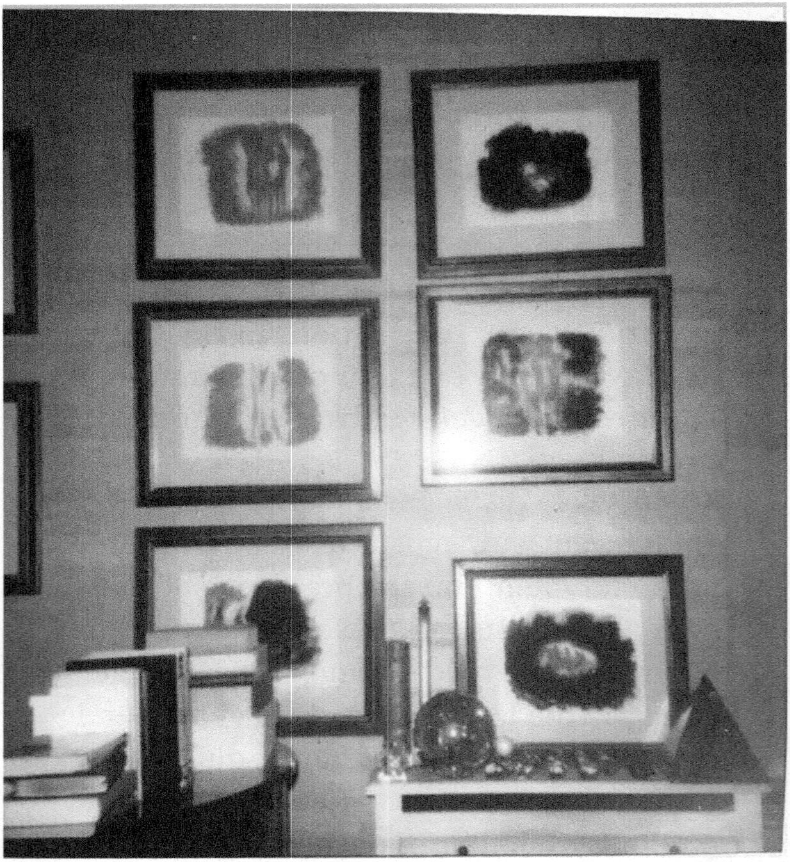

Une série de lithographies de Fautrier conçues à l'initiative d'André Malraux en vue d un projet d'édition de fragments de L'Enfer *de Dante.*

sage de mort… la France, ce n'est pas la France fermée sur elle. Pour le monde entier, c'est à la fois les Croisades et la Révolution… Reprendre le sens de notre pays, c'est vouloir être pour tous, ce que nous avons pu porter en nous. Il faut que nous puissions rassembler le plus grand nombre d'œuvres pour le plus grand nombre d'hommes. »

Au-delà de ses formules de romancier, André met en avant la nécessaire ouverture de la France aux autres et aux autres cultures. Comme ses mots sont encore brûlants d'actualité !

Avec la naissance des DRAC et des Maisons de la culture, c'est bien de décentralisation qu'il est question pour promouvoir une culture de proximité et une culture vivante. Il y a fort à parier qu'aujourd'hui, André applaudirait des deux mains le développement des Micro-Folies qui sont les dignes héritières de ses initiatives d'accès à la culture pour tous et partout.

André va mettre la même énergie dans d'autres secteurs culturels comme les arts lyriques, les arts dramatiques ou encore les écoles d'architecture. Il fait également voter en 1968 une loi favorisant la conservation du patrimoine artistique national. Les héritiers d'artistes peuvent, pour éviter de payer des droits de succession trop importants, faire une dation, c'est-à-dire donner des œuvres aux musées français. C'est comme cela que la France possède de vastes collections de Chagall, de Picasso...

Être vivant, être là où la vie se passe est la vraie obsession d'André. Quand on sait le poids de la mort dans sa vie, on imagine à quel point cela doit par moments être difficile pour lui de s'engager avec une telle énergie. Sans doute est-ce aussi une fuite pour ne pas avoir à penser à ses morts, à ses maux...

Le rayonnement de la France passe aussi par la mise en lumière et en beauté de Paris. André met en place l'obligation de ravaler les bâtiments publics. Pour que les bâtiments privés ne soient pas en reste, il fait adopter une mesure de réduction d'impôts pour les particuliers qui font ravaler leurs biens.

Il lance la rénovation de lieux aussi prestigieux que le Grand Palais, le Louvre ou les Invalides. Il fait redonner à Versailles son lustre et sa splendeur de l'époque de Louis XIV, permettant aux présidents de la République d'y recevoir des invités aussi prestigieux que la reine Élisabeth sous de Gaulle, les dirigeants du G7 sous François Mitterrand ou le roi Charles III sous Emmanuel Macron. Versailles devient la vitrine de la culture et des savoir-faire de la France.

Rendre son prestige à Paris et à la France, c'est aussi soutenir les grands artistes contemporains comme le firent avant lui François Ier ou Louis XIV.

André commande au peintre Marc Chagall la réalisation du plafond de l'Opéra de Paris en 1962. Un an plus tard c'est au peintre André Masson qu'il commande celle du plafond du théâtre de l'Odéon.

Comme plus tard Mitterrand et Jack Lang seront critiqués pour avoir osé mélanger des styles classiques et contemporains avec le projet de la pyramide du Louvre de l'architecte Pei, André est la cible de nombreuses attaques jugeant grossières ses décisions et ses choix. Mais il ne se laisse pas arrêter : pour lui, l'art ne doit pas opposer ancien et contemporain.

André ne s'arrête jamais, il veut être sur tous les fronts, rien ne semble en mesure de le calmer ou de l'apaiser. Mais ses tics sont les signes visibles de la maladie de Gilles de la Tourette dont il souffre, et que seule la boisson parvient à apaiser.

Durant toute cette période, c'est comme si notre Farfelu romancier se cachait sous les traits officiels d'un ministre, André n'écrit plus une ligne de roman. Pour autant, il n'est pas un ministre comme les autres, il déteste se rendre à l'Assemblée pour y présenter son budget ou répondre aux questions qui sont posées par les députés aux membres du gouvernement. Il marque le peu d'estime qu'il a pour ce lieu d'une déclaration sans équivoque : « Je sors de la boue. »

Et, en 1967, il surprend encore une fois tout le monde en publiant non pas ses mémoires mais ses *Antimémoires*. André y met en scène sa vie et ses rêves mêlés dans un parfait style d'aventurier. Ce livre est un succès populaire, en quelques heures ce sont 40 000 exemplaires qui sont vendus et les maisons d'édition étrangères se battent pour obtenir les droits de diffusion hors de France.

Les Français (re)découvrent qu'André est un grand écrivain. Peu importe finalement que ses mémoires soient réelles ou imaginaires, c'est bien le style de l'homme qui est plébiscité, celui de quelqu'un qui a des rêves et dont les audaces sont capables de changer le cours de l'histoire et le cours de sa propre histoire.

Ce style, ce lyrisme, cette fougue, André les a utilisés bien avant ce livre, lors des discours hommage qu'il a fait tout au long de ses fonctions. Bien entendu, le 19 décembre 1964, lors de l'oraison funèbre qu'il prononce pour accueillir Jean Moulin au Panthéon, mais aussi lorsqu'il rend un hommage posthume à l'architecte Le Corbusier dans la Cour carrée du Louvre, le 1er septembre 1965 et qu'il conclut par ces mots :

« Et voici enfin la France, celle qui vous a si souvent méconnu, celle que vous portiez dans votre cœur, lorsque vous avez choisi de redevenir français après deux cents ans, qui vous dit par la voix de son plus grand poète "Je te salue au seuil sévère du tombeau".

« Adieu mon maître et mon vieil ami. Bonne nuit.

« Voici l'hommage des villes épiques, les fleurs funèbres de New York et de

Brasilia. Voici l'eau sacrée du Gange et la terre de l'Acropole. »

Et voilà quand les mots se font les chevaliers servants de la culture telle que Malraux la vivait et la voulait.

Comment André va-t-il bien pouvoir se comporter lors des évènements de Mai 68, lui l'ancien compagnon de route des communistes, lui qui s'est engagé contre les fascismes en Europe... ?

Eh bien, il ne prend pas la mesure de ce que les jeunes demandent ! Il ne comprend pas que son ministère pourrait jouer un rôle central durant les manifestations et les grèves, il ne perçoit pas l'éclosion des expressions culturelles qui voient le jour avec Mai 68 (graffitis, street art...). Depuis trop longtemps au gouvernement, usé par la maladie, il se raidit et déclare au président de la République en conseil des ministres : « C'est ou bien la réforme, que vous seul avec votre gouvernement pouvez conduire, ou bien la révolution. C'est simple et le peuple comprendra. »

Il a, face à l'occupation du théâtre de l'Odéon, sur lequel le drapeau tricolore a été remplacé par le drapeau noir des anarchistes, une attitude très dure et très répressive puisqu'il laisse procéder à son évacuation par les CRS sous les insultes de ses anciens camarades intellectuels à commencer par Jean-Louis Barrault et Madeleine Renaud qui dirigent l'Odéon.

Enfin, comble à mon sens d'une réaction la plus frileuse, il participe le 30 mai 1968 à la grande marche de soutien à de Gaulle qui ressemble plus à une marche de la peur du changement et du refus de la modernité qu'à une manifestation de contre-révolutionnaires. La photo où on le voit au premier rang aux côtés des barons du gaullisme comme Michel Debré ou François Mauriac est bien loin de celle où, sanglé dans son uniforme, il s'engageait enthousiaste auprès des républicains espagnols.

Comme le général de Gaulle pressent sa fin politique proche, André sent lui aussi que cette aventure touche à sa fin.

Il a perdu sa flamme et son énergie, il s'est séparé de Madeleine et c'est désormais à La Lanterne, dans le parc du château de Versailles, qu'il vit les derniers temps de son ministère entouré par ses chats qui contraignent certains jours les forces de l'ordre à des battues mémorables dans les bois de Versailles pour les ramener.

Lorsque en avril 1969 Charles de Gaulle, désavoué par référendum, démissionne de ses fonctions de président de la République, André, qui est avant tout fidèle, décide à son tour de quitter la politique.

En laissant son bureau et en descendant le grand escalier du ministère a-t-il seulement pensé à tout ce qu'il a entrepris et réussi ? À ce qu'il laissait à la fois aux Français et à ses successeurs ? Avait-il conscience que son rêve de culture était devenu réalité et que le rayonnement culturel de la France était durablement installé ?

En une décennie passée à la tête du ministère de la Culture, André a su en faire un poste clé et incontournable de la politique française. Aucun autre gouvernement n'osera plus se constituer sans un ministère de la Culture, aucun président de la République ne la négligera, ils la traiteront plus ou moins bien mais ils en feront toujours un axe de leur mandat.

Merci, André, car sans vous culture aurait encore longtemps rimé avec passé et histoire. Merci, car vous avez su ouvrir la France aux autres cultures et à toutes les formes d'expression. J'aime cette phrase de vous qui reflète tellement votre regard sur l'art : « Comme l'amour, l'art n'est pas plaisir mais passion. »

Rêver toujours

Le 9 novembre 1970 voit la disparition de l'homme de la vie d'André, du héros pour qui et avec qui il a œuvré pendant un quart de siècle : Charles de Gaulle.

Comme ces moments doivent être difficiles pour André ! Avec cette disparition, il ne fait plus partie de l'Histoire mais il entre dans l'Histoire, comme témoin et acteur.

Comment ne pas être ému en voyant cette photo datant du 12 novembre 1970 où André est aux côtés d'un autre compagnon d'armes et d'écriture, Romain Gary. Ce dernier est sanglé dans son uniforme de pilote devenu trop petit quand André, lui, s'est emmitouflé dans un manteau d'hiver. Il semble hagard, le visage creusé, le regard triste devant la tombe où le cercueil du Général vient d'être descendu.

Quel sens donner désormais à sa vie, quel combat mener, quels rêves poursuivre ?

La figure du héros continuera, durant les six années qu'il reste à vivre à André, à l'accompagner à chaque instant et est même présente à son chevet lors de ses séjours à l'hôpital : on s'aperçoit qu'André a une photo fétiche de Charles qui semble le protéger et qu'il a en permanence avec lui.

Pour l'heure, comme Las Cases a publié très vite après la mort de Napoléon le *Mémorial de Sainte-Hélène*, André écrit sa vision du Général et du gaullisme dans *Les Chênes qu'on abat* qu'il publie en 1971. Ce texte lumineux est censé être le récit du dernier déjeuner que les deux hommes ont pris ensemble le 11 décembre 1969 à la Boisserie (la résidence de Charles de Gaulle). André y présente SON de Gaulle à lui, il y entremêle leurs échanges et les rêves qu'il a pu lui inspirer.

Un témoignage entre déclaration d'amour et narration historique, qui en tout cas marque les esprits et rencontre un vif succès. Il reste aujourd'hui encore comme une référence littéraire plus qu'historique.

Malgré la tristesse de sa vie, André sent qu'il a de l'énergie, que ses rêves ne sont pas tous devenus réalités et au fond de lui il veut se réconcilier avec cette jeunesse qu'il a ratée en 1968.

Faisant abstraction de son âge et de ses problèmes de santé, il endosse à nouveau son uniforme de soldat militant. Il prend conscience qu'il a encore à transmettre à la jeunesse, que ses combats n'ont pas été vains et qu'il peut toujours jouer un rôle. En réponse à une question posée par un jeune lors d'entretiens après 1968 il déclare : « En réalité, ce qu'on a à dire d'important, on le dit toujours à des jeunes. »

Il a soixante-dix ans mais reste convaincu que seule l'action compte ; il déclare : « Alors je suis formel : en définitive ceux qui ne se battent pas ne pourront jamais parler tellement légitimement parce que se battre pour une cause, c'est l'épouser. Le mot est facile mais c'est avoir avec cette cause un rapport qu'on n'a pas aux Deux Magots. Et en définitive il faut toujours partir pour quelque part si on s'en mêle. Sinon il n'y a qu'à se tenir tranquille. »

Le combat et la générosité du combat sont le moteur de son existence : « Dans un univers qui est à mes yeux passablement absurde, il y a quelque chose qui n'est pas absurde, c'est ce que l'on peut faire pour les autres. » Il porte là les valeurs des grands humanitaires que sont l'abbé Pierre, sœur Emmanuelle ou plus récemment Klaus Vogel, le fondateur de SOS Méditerranée, auprès de qui André se serait certainement engagé.

Il lui faut un dernier combat, une cause pour laquelle il peut s'engager et mobiliser des ressources et de l'énergie comme il l'a fait aux côtés des républicains espagnols ou pour dénoncer les abus du colonialisme. Ce sera dès 1970 la lutte pour l'indépendance du Bangladesh.

Depuis l'indépendance de l'Inde et la création du Pakistan, les Bengalis sont victimes des répressions du gouvernement pakistanais. Fin 1970, après le passage d'un cyclone qui ravage le Bengale, laissant le gouvernement incapable de régler la situation, et des élections régionales remportées par le parti nationaliste bengali, le pouvoir central se livre à de sévères répressions, emprisonnant entre autres le leader bengali Sheikh Muyibour Rahman. C'est le début d'une guerre civile qui fera 3 millions de morts, et près de 10 millions de réfugiés doivent partir vers l'Inde voisine.

André, qui connaît si bien cette région du monde et qui nourrit une véritable passion pour sa culture et sa spiritualité qu'il aura longtemps étudiées et approfondies avec son ami Nehru, sent qu'il faut agir, que la cause est noble et juste.

En août 1971, il déclare qu'il est prêt à présider une commission internationale sur le Bangladesh pour trouver une issue politique à cette situation, celle-ci passant obligatoirement par l'indépendance du pays.

Cette cause galvanise André, il enchaîne les prises de position en faveur des Bengalis. En septembre, voyant que sa première proposition de commission est restée vaine, il veut passer à l'action: aussi annonce-t-il qu'il forme une légion de volontaires qui se rendront dans le pays pour se battre contre les Pakistanais. Le journaliste Robert Escarpit écrit dans *Le Monde* le 20 septembre: « Il ne faut pas sourire de l'initiative d'André Malraux, même si elle paraît un peu Farfelue. Farfelu est d'ailleurs un mot qui a été lancé par Malraux lui-même, et il ne veut pas dire fou, bien au contraire. Est-ce si fou de retrouver à soixante-dix ans les engagements de sa jeunesse? Est-ce si fou de vouloir, au risque précisément de faire sourire, donner à un peuple opprimé autre chose que de pieuses et éphémères pensées? »

André le flamboyant est de retour, il est en première ligne, il met ses dernières

Malraux a toujours été fasciné par les cultures indiennes et est resté toute sa vie un très grand ami de Nehru.

forces au service de cette lutte qui est celle de la liberté et de la justice.

Il continue à se mobiliser pour ce pays et rêve de prendre la tête de cette armée de volontaires qu'il appelle de ses vœux.

Consciemment ou non, il rêve de se faire tuer au combat par des Pakistanais tortionnaires. Ne pas mourir dans son lit car « dès qu'on est assis on n'existe plus ».

La première ministre indienne Indira Gandhi (fille de son ami Nehru), en visite à Paris en octobre, demande expressément à André de se calmer et de ne plus agir dans ce conflit. Il en faut plus pour le faire obtempérer et le faire taire : il annonce que le 15 décembre suivant il arrivera au Bangladesh à la tête de son armée. Et lorsqu'un jeune Français fait une tentative de détournement d'un avion de Pakistan Airways pour faire livrer des médicaments aux Bengalis, André prend fait et cause pour ce militant.

Le 17 décembre, le Bangladesh proclame son indépendance ; dès le lendemain, André publie une lettre ouverte au président américain Richard Nixon lui demandant de soutenir la cause des Bengalis : « Pour le Bengale libre puissiez-vous ne pas attendre vingt ans avant de vous souvenir qu'il ne convient pas que le pays de la Déclaration de l'Indépendance écrase la misère en train de lutter pour sa propre indépendance. Je ne crois pas que votre illustre Statue voie passer avec joie sur les écrans de télévision les foules hallucinées qui se souviennent parfois de ce qui s'appela jadis la Liberté. »

Nixon, qui n'est pas rancunier et qui va effectuer son premier voyage pour rencontrer en Chine le président Mao, demande à André, en février 1972, de venir l'aider à préparer son déplacement, lui qui l'a déjà rencontré et qui connaît particulièrement cette région du monde.

André illustre la dualité entre engagement et réflexion. Il incarne celui qui fait mais aussi celui qui sait. Au même moment, le Bangladesh se dote d'un gouvernement indépendant et libre et petit à petit le pays s'installe dans la liberté.

En 1973, pour clore cet épisode, André est reçu très officiellement par le nouveau gouvernement du Bangladesh qui le fait docteur *honoris causa* de l'université de Dacca, lui, le Farfelu sans diplôme.

En profitant de ce déplacement, il effectue un grand voyage dans cette Inde qu'il aime tant, se rendant à New Delhi, Agra, Calcutta et Bénarès. Il va également à Katmandou au Népal.

Il retourne une dernière fois en 1974 en Inde, dans des lieux empreints de culture et de mystique.

Durant l'été 1975, André a la bonne surprise de voir qu'il est aussi populaire qu'un autre héros français, Lucky Luke. En effet, les stations-service Total proposent à leurs clients de choisir comme cadeau pour les remercier de leur fidélité « Malraux ou Lucky Luke » !

Le Bangladesh étant libre, André n'a plus de combat politique et culturel à mener. Pour lui, ce sont les deux bras d'un même corps, la culture étant l'essence même de la liberté. Son vieil ennemi Franco, vainqueur contre les républicains durant la guerre civile espagnole, va lui donner l'occasion d'un ultime combat. Franco vient de faire condamner à mort onze opposants à son régime. André accepte tout de suite de signer en septembre 1975 l'Appel des Sept pour protester contre ces condamnations ignobles, confirmant de nouveau très concrètement que son combat espagnol est pour lui « l'honneur de [sa] vie avec la Résistance française ».

S'il n'obtient pas la grâce des condamnés, il a au moins la satisfaction d'apprendre la mort de Franco en novembre 1975 et ainsi d'assister à la disparition du régime dictatorial qu'il avait combattu avec vigueur.

André est épuisé mais il effectue un dernier voyage fin 1975 en Haïti à la rencontre des peintres locaux, prouvant une fois encore qu'il n'y a pas de culture mineure et qu'il veut jusqu'à son dernier souffle participer à faire connaître et à faire émerger de nouvelles expressions artistiques.

Le 23 novembre 1976, usé, rongé par la maladie, André meurt à l'hôpital Henri-Mondor de Créteil. Dans son journal, Madeleine, qui ne vit plus avec lui depuis longtemps bien qu'ils n'aient jamais divorcé, écrit : « C'est fini. André est mort. Une existence brillante, tourmentée, autodestructrice, éminemment destructrice. Je garde un sentiment d'impuissance terrible quand je pense à lui et cette perception est si pesante... Pour moi, c'est une forme d'allégement qui n'est ni négatif, ni positif. »

Quelques années plus tôt Madeleine avait déclaré comme pour mieux préciser son état d'âme : « André ne s'aimait pas assez pour comprendre qu'on puisse l'aimer. »

Il est enterré à Verrières-le-Buisson auprès de sa dernière compagne, l'écrivain Louise de Vilmorin à qui il avait prédit dans les années 1930 qu'ils vivraient leur amour – il avait fallu attendre plus de trente ans pour que cette prédiction devienne réalité l'espace de six mois.

Un hommage national lui est rendu au Louvre. « Samedi, ce sera l'hommage public dans la Cour carrée du Louvre avec les représentants de la brigade Alsace-Lorraine, le Chant des partisans, la Garde républicaine, les officiels… Aura-t-il l'hommage qu'il voudra entendre ? » se demande Madeleine dans son *Journal*.

Surgissent au fond de ma propre mémoire quelques images enfouies comme ce chat égyptien qu'il aimait tant placé dans une vitrine au milieu de la cour.

Vingt ans plus tard, sous l'impulsion du président Jacques Chirac, il recevra un autre vrai grand hommage de toute la nation quand son corps sera transféré au côté de Jean Moulin au Panthéon. Pour l'accompagner dans cette demeure éternelle, André sera accompagné d'une autre statue de chat égyptien, symbole de la protection, toujours présente aujourd'hui à côté de sa tombe. Lui qui aimait les honneurs, les titres et les gloires, lui qui avait, muni seulement de son audace, franchi tous les échelons de la notoriété, entrait dans le temple des héros de la Nation. Comme Hugo, Dumas, Voltaire, Jaurès, Rousseau, Félix Éboué ou plus récemment Simone et Antoine Veil, il repose au milieu des plus grands. Cette phrase d'André aurait pu être gravée sur sa pierre tombale tant elle résume sa vie : « Nous ne savons pas ressusciter les corps, mais nous commençons à savoir ressusciter les rêves. »

Ma lettre rêvée

Cher André,

Pour m'accompagner dans ce parcours à votre découverte, j'ai la chance d'avoir eu les photos qu'Alain, le fils de votre frère, le fils de Madeleine, que vous avez élevé, m'a confiées et dans lesquelles j'aime me plonger pour mieux vous comprendre, pour y chercher votre infatigable énergie.

Vous n'êtes certainement pas un modèle d'équilibre familial mais en revanche vous êtes un modèle d'engagement, un modèle de sacrifice pour les causes des autres, des causes justes, des causes de liberté, des causes qui permettent de changer le monde.

J'ai aussi regardé la liste des aventures de Tintin car comme lui vous avez vécu des aventures dangereuses mais dont vous avez toujours réchappé, comme lui, vous avez été un héros au *Pays des Soviets* ou *en Amérique*, comme dans *les Sept Boules de cristal* et *le Temple du Soleil* vous vous êtes livré au pillage de tombes et en avez subi les conséquences. Vous aussi avez découvert la Chine du *Lotus bleu* ; et bien sûr comme Tintin dans *Coke en stock* vous vous êtes battus pour dénoncer les inégalités, les trafics humains.

Certes, vous n'êtes pas allé sur la Lune (vous avez déclaré après les premiers pas de Neil Amstrong en 1969 : « À quoi bon aller sur la lune, si c'est pour se suicider après ? »), mais vous avez su en tant qu'inventeur des Farfelus faire de vos rêves des réalités, faire de vos rêves des possibles. Vous avez su créer vos propres astres sur lesquels vous vous êtes souvent posé et reposé.

Je suis convaincu qu'aujourd'hui vous vous seriez dressé avec une folle énergie contre toutes les formes de radicalismes. Même si vous avez dit, paraît-il, « le

XXIe siècle sera spirituel ou ne sera pas », vous auriez pris les armes littéraires, médiatiques et militaires pour combattre tous les obscurantismes.

Vous auriez, comme Patrice Franceschi – dont vous auriez sans doute fait un compagnon de route – pu vouloir mourir pour Kobané et vous aussi vous seriez insurgé contre les destructions humaines et culturelles faites à Palmyre.

Cher André, merci d'avoir été ce héros si réel et si fantasque. Même si certains de vos livres sont parfois difficiles à lire, regarder votre vie, lire vos discours, se plonger dans *L'Espoir*, *La Voie royale* ou dans *La Condition humaine* sont des invitations à vivre en grand.

Vous êtes un merveilleux et très inspirant Farfelu, on a trop fait de vous un homme politique, le compagnon de route de Charles de Gaulle, certes vous avez été cela mais vous avez été tellement plus… Et surtout vous êtes resté l'incarnation de ces mondes farfelus que vous avez tant de fois dessinés sur tous les bouts de papier qui se trouvaient à portée de vos stylos. Ces dessins, vos Dyables, vous les destiniez à Madeleine, à vos enfants, à ceux qui étaient autour de vous. Ils vous ont permis très souvent de faire comprendre vos émotions et vos états d'esprit que vous n'arriviez pas toujours à raconter: en maître du monde des Farfelus, ce que vous ne parveniez pas à mettre en mots vous le mettiez en images.

André, merci aussi d'avoir su si bien conjuguer le verbe faire, vous avez su dépasser les conforts de votre vie bourgeoise pour vous engager totalement afin de faire réellement changer les choses, de faire reculer les inégalités ou les injustices.

Vous avez dû sourire, vous si Farfelu, quand le ministère de la Culture a créé en 1996 le prix littéraire André Malraux qui récompensait une œuvre vantant les mérites de l'engagement. Et le 23 novembre 2018 (date anniversaire de votre

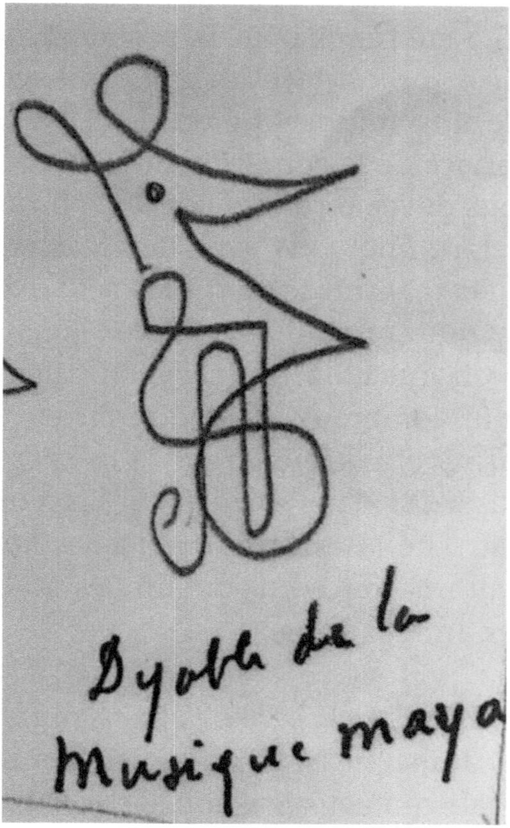

L'autre mode d'expression favori de Malraux, ses Dyables. Il dessinait à tout moment et faisait passer ses messages aussi comme cela. Ils prenaient la forme de chats, de personnages imaginaires, mais toujours avec beaucoup d'humour.

mort) a été remis pour la première fois le nouveau prix André Malraux qui récompense une œuvre littéraire qui s'engage au service de la condition humaine.

Vous devez être très fier de voir que ce ministère que vous avez tant désiré, défendu et incarné, fête en 2019 ses soixante ans et que son utilité n'est plus jamais remise en question. En revanche, ils n'ont pas été nombreux, ceux qui ont eu votre charisme et votre énergie, et ce n'est pas un hasard si, dans son dernier discours de ministre de la Culture, Françoise Nyssen n'a fait référence qu'aux années Malraux et aux années Lang.

Qu'avez-vous pensé, cher André, de cette campagne issue de la bien-pensance générale qui vous a aseptisé sur le timbre à votre effigie réalisé en 1996 ? Partant de la célèbre photo faite par Gisèle Freund en 1935 où l'on vous voit cheveux au vent et cigarette aux lèvres, la Poste française a tout simplement effacé la cigarette... Vous qui n'avez jamais caché vos addictions à l'alcool, au tabac et aux drogues avez dû quand même être étonné par cette campagne de puritanisme…

Cher André, que vos lignes, que vos textes, que vos livres restent encore longtemps des guides pour les générations qui viennent et qui se cherchent des héros. Malgré vos rêves, vous êtes bien réel et vous avez bel et bien vécu.

Merci.

Casaglione, 18 août 2022.

Petite bibliographie sélective

Les livres incontournables d'André Malraux :

- *Les Oraisons funèbres*
- *L'Espoir*
- *Les Antimémoires*
- *Les Chênes qu'on abat*

Les livres des proches d'André Malraux :

- *Les Marronniers de Boulogne* par Alain Malraux
- *Malraux l'homme des ruptures* par Alain Malraux
- *Avec une légère intimité* par Madeleine et Céline Malraux

Les livres inspirants sur André Malraux :

- *Malraux conquérant de l'impossible* par Romain Gary
- *Pour Malraux* par Hervé Gaymard

Grands remerciements

Tout d'abord c'est à Alain Malraux que je veux adresser mes plus grands remerciements, merci pour nos déjeuners où nous avons exploré tant des mondes d'André, merci pour ta confiance, merci pour les photos prêtées, merci pour les mots partagés.

Merci à Martine et à mes enfants (Constance, Jacques et Nicolas) pour votre patience et votre bienveillance, je vous aime.

Merci à la Fondation Charles de Gaulle pour ses conseils, ses connaissances et ses encouragements.

Merci à Alexandre Jardin, une fois encore c'est toi qui m'as mis le stylo en main.

Merci à mes parents pour ce goût de la culture qu'ils m'ont donné.

Copyrights

Table des matières

Achevé d'imprimer en octobre 2023 par Corlet Imprimeur - 14110 Condé-en-Normandie
Dépôt légal : octobre 2023 - N° d'imprimeur : 23090818 - Imprimé en France